新能源汽车电池与驱动电机 从入门到精通

周晓飞　主编

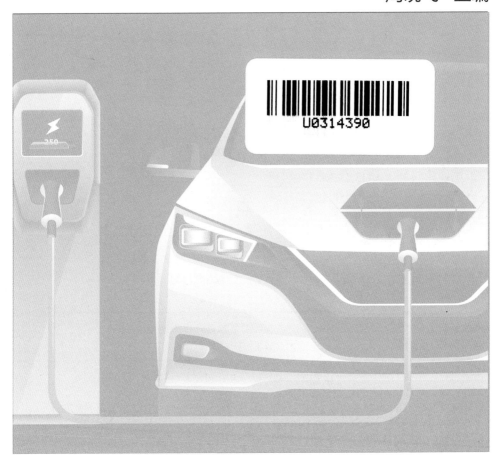

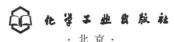

化学工业出版社

·北京·

内 容 简 介

本书分上下两篇共7章。上篇为动力电池和驱动电机的基本构造与原理，涵盖蓄电池，动力电池及其管理系统和冷却系统，驱动电机及其控制器和冷却系统，旋转变压器、电机温度传感器等的基本构造与原理；下篇为动力电池和驱动电机的维修与故障排除，涵盖维修工具的使用，电路图的识读和分析，动力电池与驱动电机的维护、保养、维修、检测、诊断等，并附有丰富的一线车间真实故障排除案例。

全书知识要点突出，彩色图片清晰直观，语言文字通俗易懂，可操作性和实用性都很强。

本书适合汽车维修技术人员使用，可作为新能源汽车维修与故障诊断的入门并提高的书籍，也可供相关院校师生及企业培训机构组织日常教学参考。

图书在版编目（CIP）数据

新能源汽车电池与驱动电机从入门到精通 / 周晓飞主编. —北京：化学工业出版社，2023.11
ISBN 978-7-122-44093-8

Ⅰ.①新… Ⅱ.①周… Ⅲ.①新能源 - 汽车 - 蓄电池②新能源 - 汽车 - 驱动机构 Ⅳ.① U469.703

中国国家版本馆 CIP 数据核字（2023）第 164734 号

责任编辑：黄　滢　　　　　　　　　　装帧设计：王晓宇
责任校对：李露洁

出版发行：化学工业出版社（北京市东城区青年湖南街13号　邮政编码100011）
印　　装：天津图文方嘉印刷有限公司
710mm×1000mm　1/16　印张14　字数242千字　2024年1月北京第1版第1次印刷

购书咨询：010-64518888　　　　　售后服务：010-64518899
网　　址：http://www.cip.com.cn
凡购买本书，如有缺损质量问题，本社销售中心负责调换。

定　　价：99.00元　　　　　　　　　　　　　　　　版权所有　违者必究

　　本书从新能源汽车维修的实际应用出发，内容注重新能源汽车维修技能的短期提升和实用性，强化知识性、系统性和可操作性，力求做到使读者既能"入门"又能达到"精通"的顺利衔接，可以说是专为汽车维修技术工人"量身定做"而成。

　　全书分上下两篇共7章内容进行介绍。

　　上篇为动力电池和驱动电机的基本构造与原理，主要介绍了不同类型蓄电池的基本结构、工作原理和特点，动力电池的安装位置、作用、总体构造与原理，电池管理系统及冷却系统的原理、组成和作用，驱动电机及其冷却系统的类型、结构、原理、性能特点，驱动电机控制器的安装位置和作用，旋转变压器的作用和原理，电机温度传感器的结构和原理等内容。

　　下篇为动力电池和驱动电机的维修与故障排除，内容涉及电动汽车维修常用工具、基本流程、维修特点及操作注意事项，新能源汽车电路图的结构组成、高压电路和低压电路的电路分析，动力电池和驱动电机的保养周期、常规检查及使用维护注意事项，动力电池与驱动电机的零部件更换、总成拆装与分解，温度传感器和旋变传感器的检测，动力电池与驱动电机常见故障诊断排除及故障案例等。

　　全书知识要点突出，彩色图片清晰直观，语言文字详略得当、通俗易懂，可操作性和实用性都很强。希望本书能为读者起到良好的指导作用，使读者从中受益，取得事半功倍的学习效果，成为一名新能源汽车维修技术的"领跑人"。

本书编写过程中参考了部分多媒体资料及原车维修手册，同时也汇集了很多业内汽车维修高手的经验，在此一并表示衷心的感谢！

由于编者水平所限和资料的局限性，书中难免有不妥和疏漏之处，敬请广大读者批评指正。

编者

目录
CONTENTS

上 篇　动力电池和驱动电机的基本构造与原理

第 1 章　动力电池的基本构造与原理

第4章　新能源汽车电路识图与分析

第5章　动力电池和驱动电机维护与保养

第6章　动力电池和驱动电机维修操作

第7章　动力电池和驱动电机故障诊断与排除

参考文献

上篇
动力电池和驱动电机的基本构造与原理

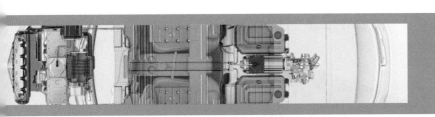

第1章

动力电池的基本构造与原理

1.1 认识蓄电池

1.1.1 蓄能器

蓄能器的作用是可以将以后某一时刻需要使用的能量存储起来。蓄能器有多种类型，如化学式、静电式、机械式等，蓄电池是蓄能器的一种。化学式：铅酸蓄电池、镍镉蓄电池、镍氢蓄电池、锂离子电池。静电式：双层电容器。机械式：汽车燃油箱。

太阳能蓄电池、摩托车蓄电池、船舶蓄电池、汽车上的12V蓄电池（图1.1-1）、汽车上的高压电池（图1.1-2）等都属于蓄能器。

图 1.1-1　汽车上的 12V 蓄电池

图 1.1-2　汽车上的高压电池

1.1.2　原电池

1.1.2.1　原电池的结构

原电池是通过氧化还原反应而产生电流的装置，或者说是把化学能转变成电能的装置。

如图 1.1-3 所示，原电池一般由电解液、电池壳体和电极构成。此外，在电极之间还有一个离子可以通过而电子不能通过的绝缘用隔板。

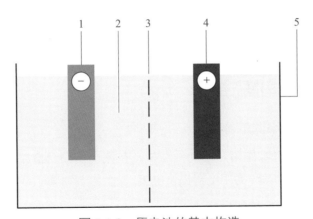

图 1.1-3　原电池的基本构造

1—负极；2—电解液；3—隔板；4—正极；5—电池壳体

1.1.2.2　原电池的原理

在原电池内发生的化学反应导致一侧电极上的电子过剩而另一侧电极上的电子不足，这样就能够在两个电极之间产生电压。

1.1.2.3　原电池的用途

原电池的用途是作为直流电压电源使用。可以根据电极材质的组合为原电池命名，例如镍氢混合动力电池。电解液和电极材质会根据电池是否充电或放电而产生变化。制造电极所使用的材料种类决定了电池的额定电压。

1.1.3　蓄电池

将多个可作为能量来源使用的原电池互相连接起来称为蓄电池，一个单独的原电池在普通术语中也被称为"蓄电池"。原电池可以将其所存储的化学能直接转换为电能。

1.1.3.1　蓄电池的电容量

电容量是指蓄电池内所存储的电荷数量，以安·时（A·h）表示。根据放电条件决定蓄电池所能提供的电容量。放电电流增大时所能提供的电容量就会随之下降。

1.1.3.2　蓄电池的功率

蓄电池的功率等于放电电流与放电电压的乘积，用瓦（W）表示。通常不会对蓄电池所存储的能量大小进行说明，因为尺寸和容量往往是蓄电池系统中最为重要的参数。

1.1.4 铅酸蓄电池

1.1.4.1 铅酸蓄电池的作用

铅酸蓄电池的主要作用是启动发动机，在汽车中广泛应用。此外，也可以在发动机处于静止状态时为用电器提供电流。

1.1.4.2 铅酸蓄电池的结构

铅酸蓄电池由正极接线柱、负极接线柱、蓄电池壳体、极板组等组成。铅酸蓄电池的结构见图 1.1-4 和图 1.1-5。

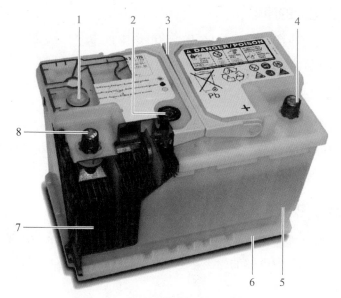

图 1.1-4 铅酸蓄电池的外部结构

1—密封塞；2—液体比重计（电眼）；3—手柄；4—蓄电池的正极接线柱；5—蓄电池壳体；
6—用于固定蓄电池的底部滑轨；7—由正极板组和负极板组构成的极板组；
8—蓄电池的负极接线柱（接线端子）

1.1.4.3 铅酸蓄电池的工作原理

如图 1.1-6 所示，在充电状态下，铅酸蓄电池的正极被氧化为二氧化铅（PbO_2），而负极则被还原为绒状铅（Pb）。使用经过稀释的硫酸（H_2SO_4）作为电解液。蓄电池放电时，将会在两个电极处生成硫酸铅（$PbSO_4$）。

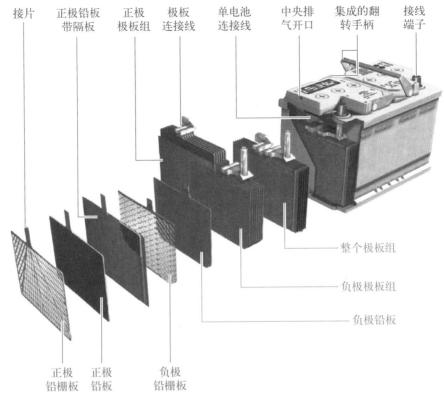

图 1.1-5　铅酸蓄电池的内部结构

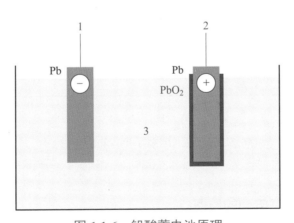

图 1.1-6　铅酸蓄电池原理

1—负极（负极接线柱）；2—正极（正极接线柱）；3—硫酸（H_2SO_4）

　　铅酸蓄电池内部的正负极、隔板和组装所需部件构成了电解槽。每个电解槽都输出 2V 电压。6 个电解槽串联在一起可以提供 12V 的蓄电池电压。

1.1.5 锂离子电池

1.1.5.1 锂离子电池的特点

当今能量需求较高的便携设备（移动电话、数码相机、笔记本电脑等）基本都采用锂离子电池为其提供能量。锂离子电池具有能量密度较高、自放电较小、放电时可提供恒定的电压等优点。所以，锂离子电池对汽车动力电池领域尤为有益。

1.1.5.2 锂离子电池的结构

常见锂离子电池的正极由多层锂金属氧化物制成，负极则由多层石墨制成，两个电极都位于无水电解液中，隔板安装在两个电极之间。锂离子电池的结构如图 1.1-7 所示。

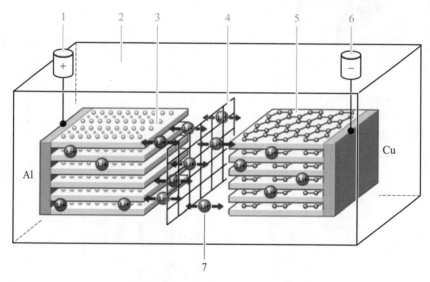

图 1.1-7　锂离子电池的结构

1—正极；2—带有电解液的壳体；3—锂金属氧化物；4—隔板；5—石墨层；6—负极；7—锂离子

1.1.5.3 锂离子电池的原理

一个普通锂离子电池可以提供的额定电压为 3.6V。

通过推移锂离子，在锂离子电池上可以产生一个源电压。在电池充电过程中带有正电荷的锂离子通过电解液由正极移动至负极的石墨层。锂离子与石墨（碳）进行化合，同时不破坏石墨的分子结构。放电时锂离子重新返回至金属氧化物中，电子可以通过外部电路流至正极。锂离子和石墨反应后在负极上可以产生一个保护层，该保护层可以让较小的锂离子通过，而电解液中的分子则无法通过。

1.1.5.4 三元锂离子电池

三元锂离子电池是目前最广泛地应用在汽车上的动力电池。三元锂离子电池，即三元聚合物锂离子电池，也就是三元材料电池，一般是指采用镍钴锰酸锂或镍钴铝酸锂三元正极材料的锂离子电池，把镍盐、钴盐、锰盐作为三种不同的成分进行不同比例的调整，所以称为"三元"。

1.1.6 磷酸铁锂电池

1.1.6.1 磷酸铁锂电池的结构

磷酸铁锂电池最典型的应用是在比亚迪汽车上，在汽车上的广泛应用程度仅次于三元锂离子电池。

磷酸铁锂电池内部结构见图 1.1-8，左边是由具有橄榄石结构的磷酸铁锂材料构成的正极，由铝箔与电池正极连接；右边是由碳（石墨）组成的负极，由铜箔与电池的负极连接。中间是由聚合物材料制成的隔膜，它把正极与负极隔开，锂离子可以通过隔膜而电子不能通过。电池内部充有电解质，电池由金属外壳密闭封装。

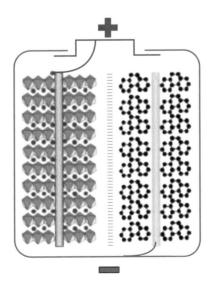

图 1.1-8 磷酸铁锂电池内部结构

1.1.6.2　磷酸铁锂电池的工作原理

磷酸铁锂电池是指用磷酸铁锂作为正极材料，碳作为负极材料的锂离子电池，其工作原理和锂离子电池是一样的。磷酸铁锂电池也叫锂铁磷，简称 LFP，化学式为 $LiFePO_4$。

磷酸铁锂电池在充电时，正极中的锂离子通过聚合物隔膜向负极迁移；在放电过程中，负极中的锂离子通过隔膜向正极迁移，见图 1.1-9。磷酸铁锂电池的外形如图 1.1-10 所示，其单体额定电压为 3.2V，充电截止电压为 $3.6 \sim 3.65V$。

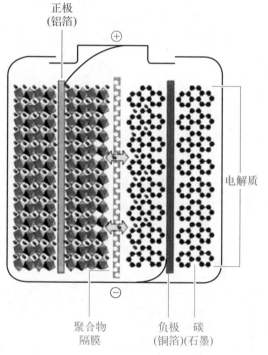

图 1.1-9　磷酸铁锂电池的工作原理

图 1.1-10　磷酸铁锂
电池的外形

1.1.6.3　磷酸铁锂电池的特点

相对于三元锂离子电池，磷酸铁锂电池最大的优点是耐用。表现为磷酸铁锂电池具有工作电压高、能量密度大、循环寿命长、安全性能好、自放电率小、无记忆效应的优点；安全性更高，一旦发生火灾，无明火，不易爆炸，降低了事故的程度。

小贴士

　　记忆效应是电池因为使用而使其内容物产生结晶的一种效应。发生的原因是电池的部分重复充电与放电不完全，会使电池容量暂时性地减少，导致电池使用时间缩短。记忆效应一般只会发生在镍镉电池和镍氢电池中，锂离子电池则无此现象。

1.1.7　锰酸锂电池

　　锰酸锂电池是指正极使用锰酸锂材料的电池，其标称电压为 2.5 ～ 4.2V，具有成本低、安全性较好等特点，目前主要用于低速车，例如，两轮车、三轮车、低速四轮车、特种电动车等非乘用车领域。

1.1.8　钛酸锂电池

　　钛酸锂电池是一种用锂离子作负极材料的电池。钛酸锂可与锰酸锂、三元材料或磷酸铁锂等正极材料组成 2.4V 或 1.9V 的锂离子二次电池。此外，它还可以用作正极，与金属锂或锂合金负极组成 1.5V 的锂二次电池。钛酸锂电池具有高安全性、高稳定性、长寿命和绿色环保的特点。

小贴士

　　二次电池又称为充电电池或蓄电池，是指在电池放电后可通过充电的方式使活性物质激活而继续使用的电池。

　　业内认为，钛酸锂电池不久会成为新一代锂离子电池的负极材料被应用在新能源汽车、电动摩托车领域。钛酸锂电池工作电压为 2.4V，最高电压为 3.0V，充电电流大于 $2C$（即电池容量值的 2 倍的电流）。

1.1.9　固态电池

　　固态电池是指结构中不含液体（全固态）或含部分液体（半固态）的一种锂电池，是相对锂离子电池（液态）而言的。因为固态电池的性能非常好，所以现在很多车企和电池企业都在研发固态电池。三种形态的电池示意见图 1.1-11。

液态电池　　　　　　半固态电池　　　　　　全固态电池

图 1.1-11　三种形态的电池示意

1.1.9.1　半固态电池

（1）结构

半固态电池（图 1.1-12）为高能量密度的锂离子电池。半固态电池把部分电解液换成了固态，电池其中一侧电极不含液态电解质，另一侧电极含有液态电解质。

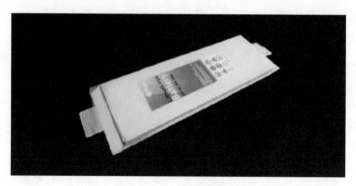

图 1.1-12　半固态电池

（2）特点

半固态电池可提升能量的密度，简化电池系统的结构，提高充电的时间效率。采用半固态电池的车辆续航里程长，充电时间短，低温性能优越。

由于半固态电池使用固态电解质来替代部分电解液，半固态的电解液不易蒸发和膨胀，因此能在一定程度上抑制起火和漏液，提高安全性能。

1.1.9.2　全固态电池

（1）结构

全固态电池内部所有材料都以固态形式存在，它由正极材料、负极材料和电解质组成，而液态电池则由正极材料、负极材料、电解液和隔膜组成。如图 1.1-13 和图 1.1-14 所示。

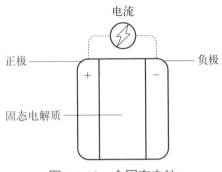

图 1.1-13　全固态电池

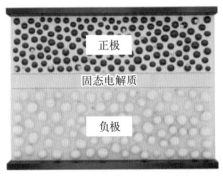

(a) 全固态电池　　　　　　　(b) 锂离子电池(液态电池)

图 1.1-14　全固态电池与锂离子电池结构对比

（2）特点

全固态电池无论是在充能速度、能量密度还是在安全性和循环寿命等方面，都要比液态电池有很大优势，所以全固态电池也是对液态电池的技术升级。

1.1.10　刀片电池

1.1.10.1　刀片电池的结构

刀片电池，顾名思义，外形如刀片一样薄，这是比亚迪汽车在近两年推出的一种"网红"电池。它是一种磷酸铁锂电池的结构创新，是一种方形硬壳电池，只是采用长薄型结构（图 1.1-15）。

由于单体电池结构的变化，其装车的动力电池总成的设计也改变了，取消了传统电池的壳体结构，由刀片电池来充当电池的梁，也充当电芯，这样就取消了模组。再采用蜂窝铝板的设计，上下两面粘贴两个高强度铝板，刀片电池排列其中。

图 1.1-15　刀片电池

1.1.10.2　刀片电池的特点

刀片电池取消了传统的模组环节，电池组结构简化，通过改变动力电池的总体结构，长方形电池竖直排列插入动力电池总成（图 1.1-16），提高了空间利用率，在同样空间中能够装下更多的电芯，大大提高了续航里程。

图 1.1-16　取消了模组的刀片电池

1.2 认识动力电池

1.2.1 动力电池构造

1.2.1.1 概述

扫一扫

视频精讲

（1）安装位置

动力电池位于车身底部，安装在车架上（图 1.2-1 和图 1.2-2）。动力电池（总成）（图 1.2-3）外壳密封严实，下壳体为主要承重件，分为两个区域，大区域主要承载模组和冷板等零件，中间布置纵梁和横梁以加强壳体强度。上壳体分为大盖板和小盖板，大盖板主要用于防护模组，小盖板主要用于防护 EDM（电源分配单元）和 BMS（电池管理系统）区域。大盖板与下壳体通过密封胶进行密封，小盖板与下壳体通过密封垫进行密封。插电式混合动力汽车动力电池总体布局见图 1.2-4，48V 轻混动力电池布局见图 1.2-5 ～ 图 1.2-7。

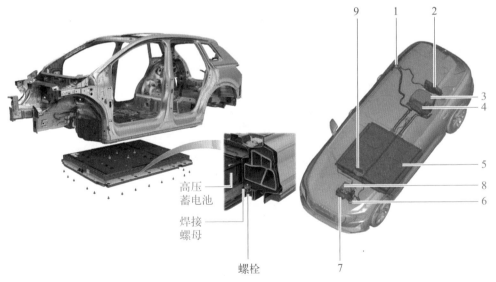

图 1.2-1 动力电池安装位置（奥迪某款）

1—高压电池充电插座；2—车载充电器；3，8—电机控制器；4—后驱动电机；
5—动力电池（高压蓄电池）；6，9—加热器（PTC）；7—电动空调压缩机

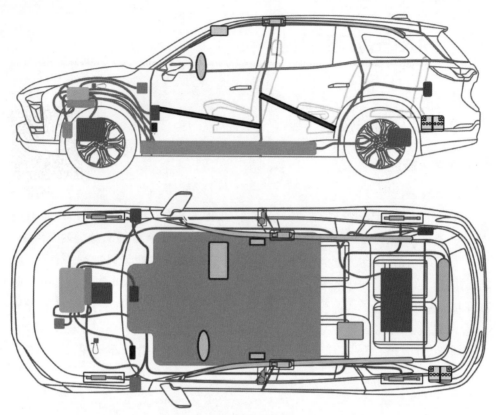

图 1.2-2　动力电池安装位置（蔚来某款）

图 1.2-3　动力电池（总成）

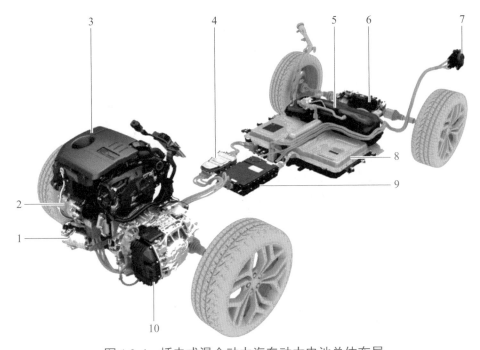

图 1.2-4　插电式混合动力汽车动力电池总体布局

1—电动压缩机；2—HV BISG；3—发动机；4—HV BISG 逆变器；5—燃油箱；
6—电驱动桥；7—充电口；8—动力电池；9—高压接线盒；10—变速器

DC/DC(48V/12V)

发电机/起动机

48V高压蓄电池

图 1.2-5　48V 轻混动力电池布局（奥迪某款）

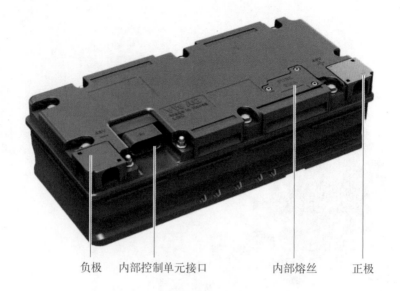

负极　内部控制单元接口　　　　内部熔丝　　正极

图 1.2-6　48V 轻混动力电池（奥迪某款）

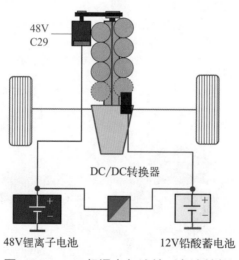

48V
C29

DC/DC转换器

48V锂离子电池　　　　　　　　12V铅酸蓄电池

图 1.2-7　48V 轻混电气连接（奥迪某款）

小贴士

DC/DC 转换器的作用是将高压直流电转换低压直流电。

在轻度混合动力汽车中，DC/DC 转换器是不可或缺的电器件，主要用于降压转换模式，将启动发电机产生的 48V 电能供给 12V 系统。

（2）动力电池的组成

动力电池主要由高压电池单元、壳体、冷却管路、密封件等组成，见图 1.2-8 ～图 1.2-10。

通常情况下，一般不需要拆解动力电池进行维修，而是整体更换，但需要判断动力电池是否存在故障，所以需要更进一步了解动力电池的内部结构。

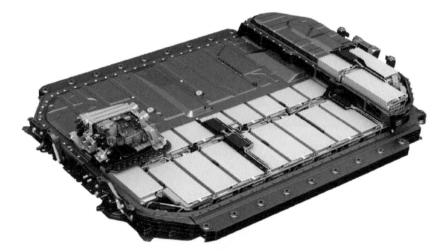

图 1.2-8　动力电池（奥迪某款）

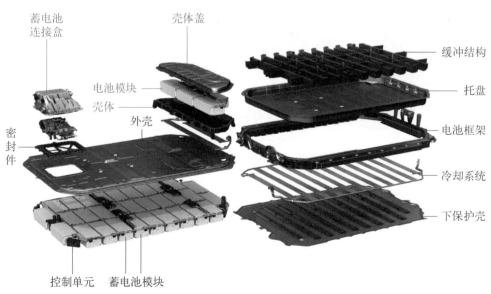

图 1.2-9　动力电池总成分解 / 组成（奥迪某款）

低压接插件　前动力引出接插件　　后动力引出接插件

出水口　进水口　　　　　　　安装座

图 1.2-10　动力电池总成（比亚迪某款）

图 1.2-11　动力电池总成（蔚来某款）

如图 1.2-11 和图 1.2-12 所示，蔚来动力电池系统共有 32 个基础电池模组通过串并联的方式实现，模组与外壳体之间的固定是通过螺纹连接的，每 4 个模组共用一块冷却板，系统共有 8 块独立的冷却水板，电池管理单元、电力分配单元、高低压电气连接接口、冷却连接接口均布置在电池包的一侧。

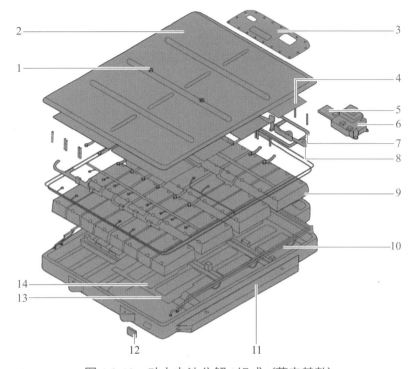

图 **1.2-12**　动力电池分解 / 组成（蔚来某款）

1—顶部套筒；2—顶板；3—前盖板；4—防火垫；5—电池管理系统；6—电源分配单元；
7—密封圈；8—铜排；9—电池模组；10—冷却水管；11—电池底壳；
12—泄压阀；13—冷却板；14—导热垫

（3）动力电池的作用

动力电池也称高压蓄电池，用于吸收、存储和提供电能，以供电驱动装置和高压车载网络使用。高压蓄电池单元由多个电池模组（或模块）装配而成（图 1.2-13），每个电池单元模块分别带有多个单格电池。电池模组相互串联在一起，通过外部电网以及制动能量回收，可以为高压蓄电池充电。

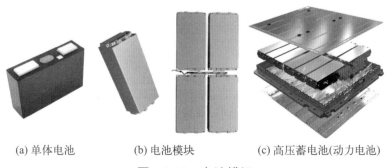

(a) 单体电池　　　　(b) 电池模块　　　　(c) 高压蓄电池(动力电池)

图 **1.2-13**　电池模组

1.2.1.2 蓄电池模组

电芯也就是单体电池，数个单体电池可组成电池组（图 1.2-14 和图 1.2-15）。将一个以上单体电池或电池组按照串联、并联或串并联混合方式组装集合，并作为电源使用的组合体，就是电池模组（图 1.2-16 和图 1.2-17）。把电池模组串联在一起，就组成了高压蓄电池单元（图 1.2-18）。

图 1.2-14　圆柱形和方形电池

图 1.2-15　软包电池

小贴士

图 1.2-14 中圆柱形锂离子电池上写的 18650 为其型号：18 代表电池的直径为 18mm，65 代表不包含极柱的电池高度为 65mm，0 代表圆柱形形状。

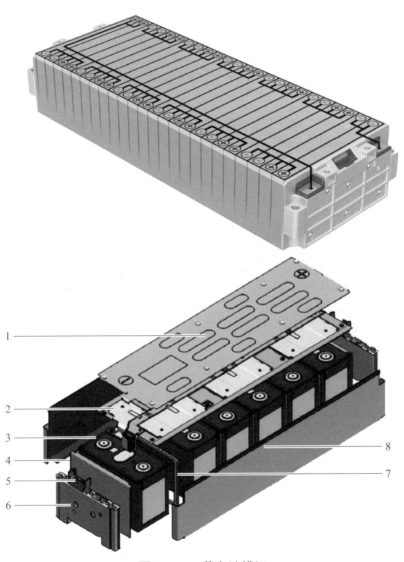

图 1.2-16　蓄电池模组

1—上盖；2—线束隔离板组件；3—电芯；4—端板绝缘膜；5—输出级底座；
6—端板；7—口字缓冲垫；8—侧板

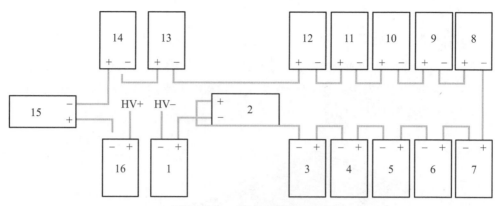

图 1.2-17　蓄电池模组布局

1 ～ 16—电池模组

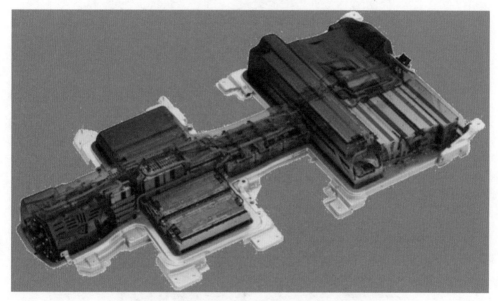

图 1.2-18　蓄电池模组（大众某款）

1.2.1.3　模组排布

电池模组中的单体电池有并联、串联和混联三种排布模式，分别用 P、S 和 SP 来表示。串联在一起，可提升电压；并联在一起，可提升容量；混联在一起（先并后串），电压累积，容量累积（图 1.2-19）。

例如，2P4S：2 并 4 串（图 1.2-20），即 2 个电芯并联组成一个独立的蓄电池电芯组，再由 4 个蓄电池电芯组串联在一起，组成一个电池模组。这样的连接方式，可把 2 个电芯看作一个电芯组。

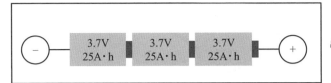

串联：3S1P　　电压：3.7V×4
　　　　　　　容量：25A·h

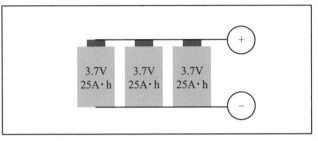

并联：1S3P　　电压：3.7V
　　　　　　　容量：25A·h×3

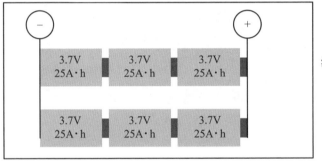

混联：3S2P　　电压：3.7V×3
　　　　　　　容量：25A·h×2

图 1.2-19　模组排布

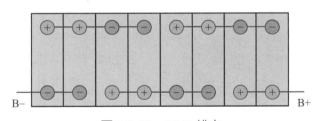

图 1.2-20　2P4S 排布

扫一扫

视频精讲

1.2.1.4　维修开关

（1）结构

如图 1.2-21 所示的维修开关接插件使用自带卡扣固定，甩线端（黄色波纹管包裹端）线束使用扎带或其他方式进行固定。如图 1.2-22 所示为比亚迪 E5 的维修开关。

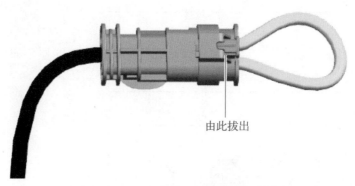

由此拔出

图 1.2-21 维修开关（比亚迪海豹）

图 1.2-22 维修开关（比亚迪 E5）

如图 1.2-23 所示为一种插头式的机械锁止的维修开关，图示为红色机械锁止装置，也是一种使用比较广泛的维修开关。

图 1.2-23 一种插头式的机械锁止的维修开关

（2）作用

维修开关，也叫安全开关，可以看作是一个串联在动力电池高压电路中的保险或闸，用于手动关闭高压电路。它的主要作用是在车辆维修时直接断开高压回路，从而保证操作人员的安全。

（3）安装位置

各种车辆的维修开关在形态上设计都有所不同，安装位置也不一样，有的维修开关会直接安装在动力电池上（图 1.2-24），在车内某一位置拔插。例如：2017 年款比亚迪 E5 的维修开关在副中控台挡把后边的手扶箱下边（图 1.2-25）；2019 年款长城 C30EV 的维修开关在后排座椅中部内饰板下边的盖板内；2019 年款奇瑞小蚂蚁的维修开关位于副驾座下的小盖板内；蔚来 ES8 的维修开关位于机舱左前减振器上部（图 1.2-26）；特斯拉 Model S 的维修开关在机舱内（图 1.2-27）。如图 1.2-28 所示的是比亚迪海豹维修开关，位于机舱雨刮导水槽下方，靠近 A 柱位置。宝马 i3 维修开关的位置如图 1.2-29 所示。

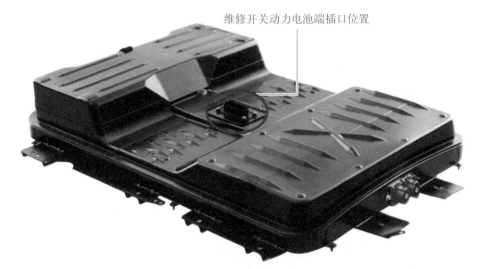

图 1.2-24　动力电池上维修开关插座端位置

图 1.2-25　维修开关位置（比亚迪 E5/ 副中控台下）

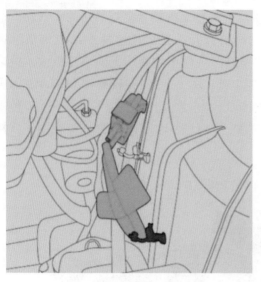

图 1.2-26　维修开关位置
（蔚来 ES8/ 机舱内左上侧）

图 1.2-27　维修开关位置
（特斯拉 / 机舱内右上侧）

图 1.2-28　维修开关位置（比亚迪海豹 / 雨刮导水槽下方）

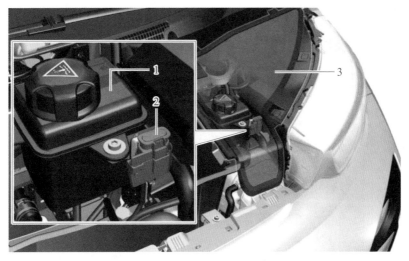

图 1.2-29 维修开关位置（宝马 i3）
1—加热循环回路冷却液补液罐；2—维修开关（插头式）；3—盖板

1.2.2 动力电池原理

锂离子电池工作的核心要素是含有锂元素的材料作为正极，目前普遍采用磷酸铁锂（$LiFePO_4$）、镍酸锂（$LiNiO_2$）、锰酸锂（$LiMn_2O_4$）、钴酸锂（$LiCoO_2$）以及镍锰钴酸三元锂、镍钴铝酸三元锂，正负极材料的应用直接决定电池的性能。

！小贴士

锂电池按照正负极材料的不同，分为锂金属电池和锂离子电池。锂金属电池性能不稳定且不是充电电池，所以这里针对动力电池所研究的是锂离子电池。

1.2.2.1 电池基本原理

原子失去电子会变成离子。锂离子电池工作时就是锂原子失去电子变成锂离子，而后随着电势迁移到负极；而负极一般为碳素材料，是惰性物质，不易反应，负极只是用来得电子、将锂离子还原的地方。

简单来说，锂离子电池主要依靠锂离子在正极和负极之间移动来工作。在充放电过程中，锂离子（Li^+）在两个电极之间往返嵌入和脱嵌，即正极→负极→正极的移动状态（图 1.2-30）。

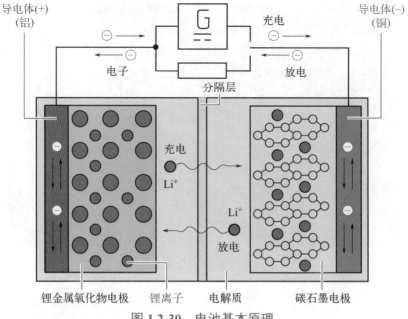

导电体(+)（铝）

充电

导电体(−)（铜）

电子

放电

分隔层

充电

Li⁺

Li⁺

放电

锂金属氧化物电极　　锂离子　　电解质　　碳石墨电极

图 1.2-30　电池基本原理

1.2.2.2　充电原理

当对锂离子电池进行充电时，其正极上有锂离子生成，生成的锂离子经过聚合物电解质隔膜运动到负极。而作为负极的碳呈层状结构，它有很多微孔，到达负极的锂离子就嵌入碳层的微孔中，嵌入的锂离子越多，充电容量越高（图 1.2-31）。

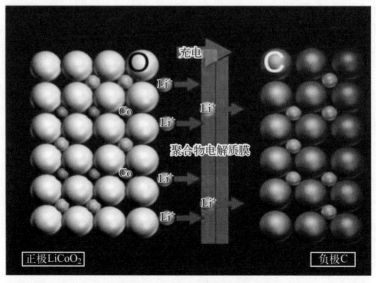

图 1.2-31　充电原理示意

1.2.2.3　放电原理

当锂离子电池放电时（即使用电池的过程），嵌在负极碳层中的锂离子脱出，又回到正极。回到正极的锂离子越多，放电容量越大。通常所说的电池容量指的就是放电容量（图 1.2-32）。

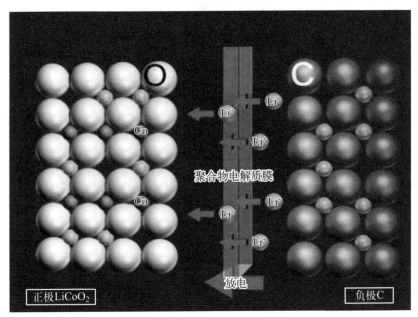

图 1.2-32　放电原理示意

1.3　电池管理系统

1.3.1　电池管理系统构造

1.3.1.1　电池管理系统的组成

（1）电池管理系统控制单元

电池管理系统缩写为 BMS（battery management system），主要由电池管理系统控制单元及各种传感器组成。其核心部件是电池管理系统控制单元（BMU）（图 1.3-1），安装于动力电池总成内部。

扫一扫

视频精讲

如图 1.3-2 所示，比亚迪海豹的电池管理系统由电池采样与执行单元（BASU）、电池信息采集器（BIC）、电池采样线组成。电池采样与执行单元位于动力电池箱体内的配电盒（BDU）里。

图 1.3-1　电池管理系统控制单元

BASU

图 1.3-2　电池采样与执行单元

（2）电池高压分配单元

电池高压分配单元（或叫高压蓄电池配电盒，见图 1.3-3）安装在动力电池总成的正负极输出端，由高压正极继电器、高压负极继电器、预充继电器、电流传感器和预充电阻等组成。

❶ 预充继电器［图1.3-3（a）］。动力电池系统在充电初期，需要闭合预充继电器进行预充电，预充完成后断开预充继电器。

❷ 熔断器［图1.3-3（b）］。熔断器主要用于防止能量回收时过电压、过电流或放电时过电流。

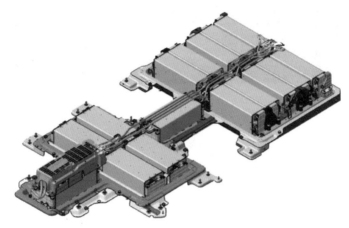

(a) 预充继电器

熔断器

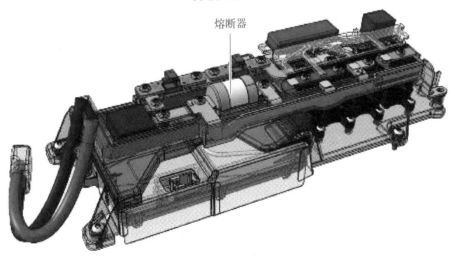

(b) 熔断器

图1.3-3　电池高压分配单元

❸ 电流传感器（图1.3-4）。电流传感器在电阻的两端形成毫伏级的电压信号，用于监测母线充、放电电流的大小。

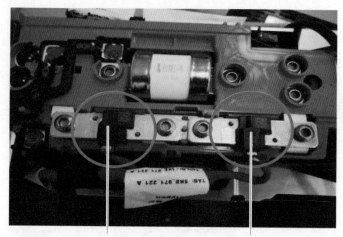

电流传感器1　　　　　电流传感器2

图 1.3-4　电流传感器

1.3.1.2　BMS 的类型

（1）集中式

简单来说，集中式 BMS 就是将所有模组（或单电池）统一用一个 BMS 控制单元采集，适用于模组（或单电池）少的场景。

（2）分布式

高容量、高总压的动力电池系统，尤其是在插电式混动、纯电动车型上，主要还是采用分布式架构的 BMS。

分布式 BMS 的各种术语和缩略语不是很统一，各大公司叫法各异。分布式 BMS 的结构框图见图 1.3-5。

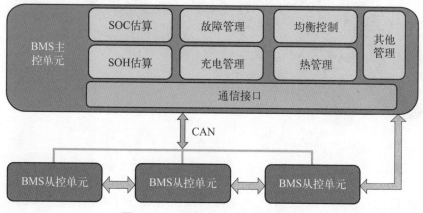

图 1.3-5　分布式 BMS 结构框图

❶ 电池管理系统主控单元（图 1.3-6）。电池管理系统主控单元通过动力总成 CAN 进行通信。

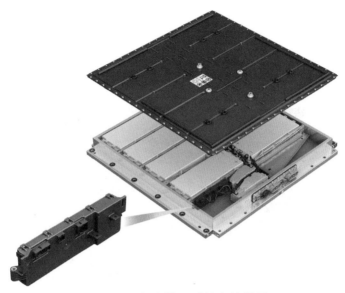

图 1.3-6　电池管理系统主控单元

❷ 电池管理系统从控单元（图 1.3-7）。根据动力电池的大小安装从控单元。动力电池的数个电池模组连接一个从控单元。如图 1.3-7 所示的是 4 个电池模组连接一个从控单元，主要用于监测电池电压和模块温度等。

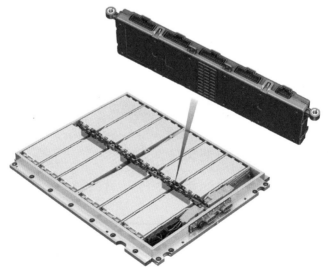

图 1.3-7　电池管理系统从控单元

扫一扫

视频精讲

1.3.1.3 BMS 的作用

（1）电池管理控制器（图1.3-8）

电池管理系统的电池管理控制器（BMC）的主要功能有充放电管理、接触器控制、功率控制、电池异常状态报警和保护、SOC/SOH 计算、通信、电流采样、总电压采样、接触器烧结检测、漏电检测等。电池管理控制器即主控单元。

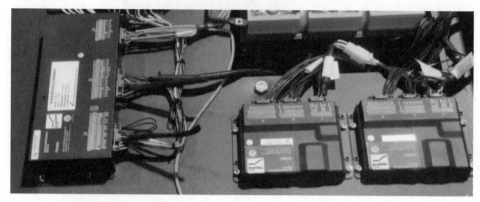

BMC(电池管理控制器)　　　　　　　　BIC(电池信息采集器)

图 1.3-8　电池管理系统

（2）电池信息采集器（图1.3-8）

电池信息采集器（BIC）其实是一个从控单元，主要功能有单体电池电压采样、电池温度采样、电池均衡等。动力电池采样线的主要功能是连接 BASU、BIC，实现通信及信息交换。

 小贴士

电池平衡是一种从蓄电池单元获得最大电量和容量的方法，方式是通过保证蓄电池充电达到接近 100% 荷电状态，而不产生过量充电及因此而损坏蓄电池单元的风险。

1.3.2　电池管理系统原理

1.3.2.1　工作原理

电池管理系统（图1.3-9）实时采集各单体电池的电压值、各温度传感器的温度值、动力电池系统的总电压值和总电流值、动力电池系统的绝缘电阻值等数据，并根据 BMS 中设定的阈值判定动力电池系统的工况状态，实时监控。BMS 通过 CAN 与整车控制器（VCU）之间进行通信，并根据 VCU 的指令完成对动力电池的控制。

图 1.3-9　电池管理系统

1.3.2.2　信息采集与控制

电池管理系统实时采集动力电池高压电路的单体电压、动力电池电压、电池模组温度、电流、绝缘状态等信息并传递到电池管理系统从控板，信息经过从控板的处理通过内部 CAN 线传递到电池管理系统主控板，然后经过电池管理系统的处理，最终传递到整车控制器，再经过计算分析，将命令传递到电机控制器、车载充电机等执行器，由各执行器完成动作（图 1.3-10）。

1.3.2.3　荷电状态

荷电状态（SOC）是指汽车电池的充电状态，也称为剩余容量，表示电池继续工作的能力。荷电状态管理是电池管理系统的重要内容，其目的是对于整个动力电池状态的控制以及电动汽车续驶里程的预测和估计。仪表显示的动力电池状态见图 1.3-11 和图 1.3-12。

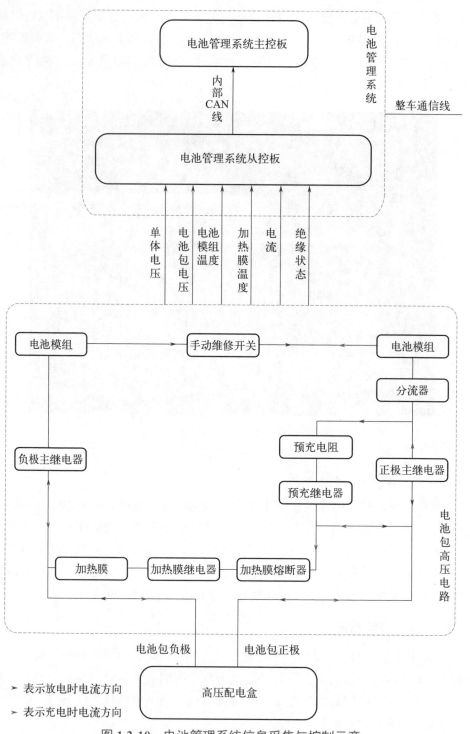

图 1.3-10　电池管理系统信息采集与控制示意

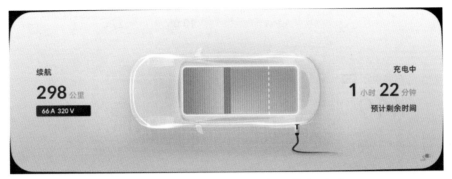

图 1.3-11 仪表显示的动力电池状态（一）

图 1.3-12 仪表显示的动力电池状态（二）

1.3.2.4 混合动力汽车 SOC 管理

基于来自 BMS 的信息，整车控制单元确定电机是否及何时应用作发电机以提高效率，此时须考虑发动机的电流负载，然后计算对燃油经济性或驱动器性能要求影响最小的、恰当的发电机负荷，再通过 CAN 总线将计算出的数值发送到电机控制器（图 1.3-13 和图 1.3-14）。

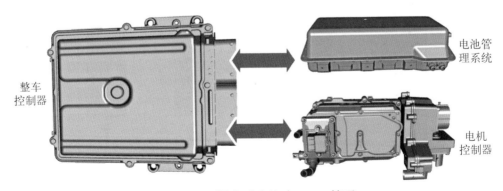

图 1.3-13 混合动力汽车 SOC 管理

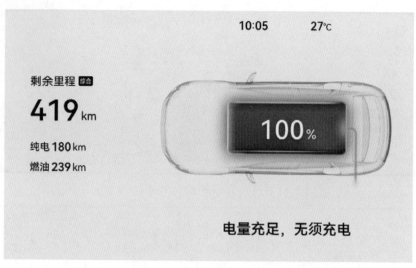

图 1.3-14　仪表显示的动力电池（混合动力汽车）

1.3.2.5　电池平衡

如图 1.3-15 所示，3 号电池 100% 充电，尽管动力电池整体充电量只达到了 92.5%，但这时它的充电循环就结束了。这时，电池管理系统就需要进行电池平衡控制，对 3 号单元进行放电，使得充电循环可以继续，动力电池的充电水平就可以上升到 100%。

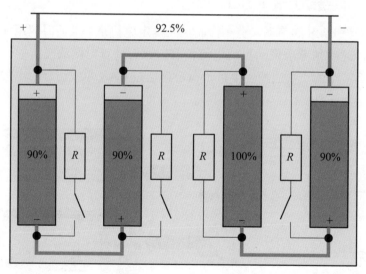

图 1.3-15　电池平衡

1.4 动力电池冷却系统

1.4.1 动力电池冷却系统组成

电动汽车冷却系统（图 1.4-1）包含动力电池冷却系统及驱动电机冷却系统。组成部件有动力电池冷却系统、驱动电机、车载充电机、电机控制器、电动水泵、膨胀罐、散热器、散热器风扇等（图 1.4-1）。

动力电池总是在不断地进行充电和放电，在这个热力学过程中会放出热量，这就导致它所产生出的热量会累积，所以需要进行冷却。

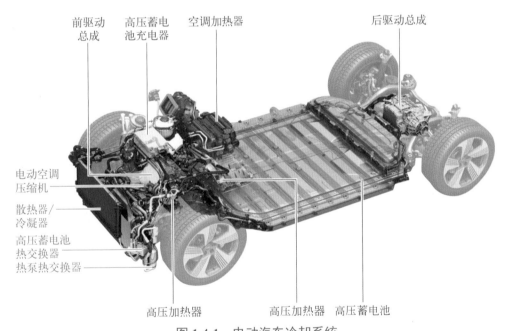

前驱动总成　高压蓄电池充电器　空调加热器　后驱动总成

电动空调压缩机

散热器/冷凝器

高压蓄电池热交换器

热泵热交换器

高压加热器　高压加热器　高压蓄电池

图 1.4-1　电动汽车冷却系统

▬▬▬动力电池冷却循环管路；
▬▬▬电驱动系统冷却循环管路

1.4.2 动力电池水冷系统

1.4.2.1 动力电池水冷系统组成

动力电池水冷系统内部采用水冷方式实现内外热交换。通过电池散热器与

扫一扫

视频精讲

热交换管理模块实现对电池的冷却和加热，保证电池可以正常和高效地工作。动力电池水冷系统见图1.4-2。

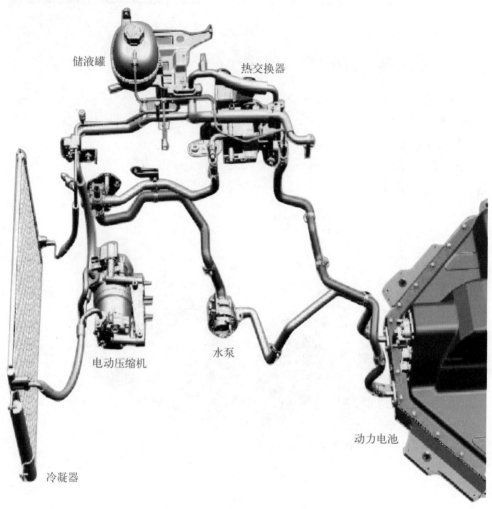

图 1.4-2　动力电池水冷系统

1.4.2.2　动力电池水冷系统管路排布

如图1.4-3和图1.4-4所示为动力电池水冷系统部件结构排布：水冷板布置于箱体和模组之间，布置方向同模组方向；连接管路采用尼龙管并用快接头连接；水冷板与模组之间铺设导热硅胶垫；水冷板底部采用弹性支撑；连接管路布置水温传感器。冷却液流向：从①处分两支路流入，从②处汇合流出。

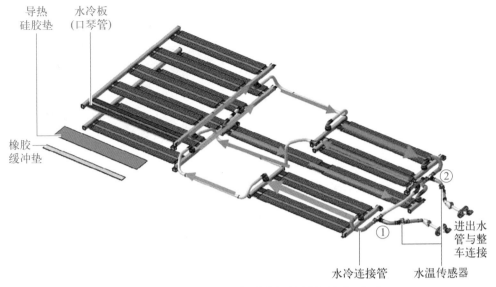

导热
硅胶垫

水冷板
(口琴管)

橡胶
缓冲垫

②

①

水冷连接管　水温传感器

进出水
管与整
车连接

图 1.4-3　动力电池水冷系统部件结构排布（一）

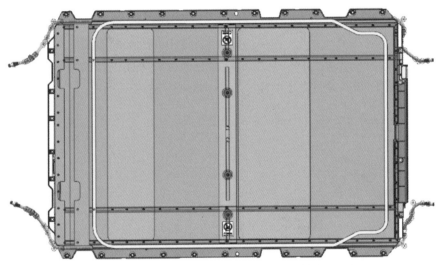

图 1.4-4　动力电池水冷系统部件结构排布（二）

1.4.2.3　动力电池水冷系统的作用

　　水冷系统的作用就是通过冷却液循环为动力电池实施散热，并且通过热交换管理模块及整车管路在适当的时候给动力电池加热，所以也称热管理系统。动力电池水冷系统循环见图 1.4-5。电动冷却液泵见图 1.4-6。

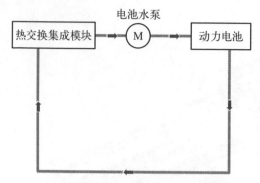

图 1.4-5　动力电池水冷系统循环　　　　图 1.4-6　电动冷却液泵

1.4.3　动力电池制冷剂回路冷却系统

1.4.3.1　制冷剂回路冷却系统的组成

有些汽车的空调系统带有高压蓄电池冷却的冷媒回路。通常高压蓄电池采用水冷方式，必要时还利用空调制冷为电池提供冷却。高压蓄电池热交换器的作用是在需要时对高压蓄电池制冷剂循环回路中的冷却液实施冷却。冷却系统的两个支路各有一个截流阀，均由全自动空调控制单元进行控制。这种动力电池制冷剂回路冷却系统见图 1.4-7。

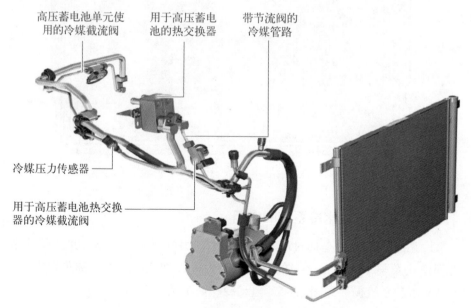

图 1.4-7　动力电池制冷剂回路冷却系统（一）

有些车辆的动力电池（高压蓄电池）只有空调制冷系统，直接通过制冷剂进行冷却。因此空调系统的制冷剂循环回路由两个并联支路构成，一个用于车内冷却，另一个用于高压蓄电池单元冷却。两个支路各有一个膨胀和截止组合阀，用于相互独立地控制冷却功能。电池管理系统可通过施加电压控制打开膨胀和截止组合阀，这样可使制冷剂流入高压蓄电池单元内，在此膨胀、蒸发和冷却（图 1.4-8 和图 1.4-9）。

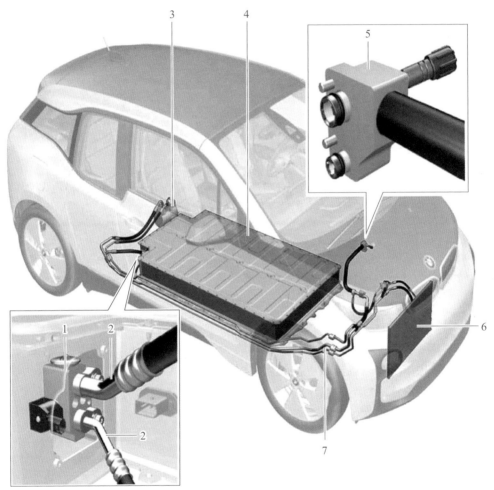

图 1.4-8　动力电池制冷剂回路冷却系统（二）

1—膨胀和截止组合阀；2—连接高压蓄电池单元的制冷剂循环回路；

3—电动空调压缩机；4—高压蓄电池；5—用于车内冷却的膨胀阀；

6—制冷剂循环回路内的冷凝器；7—制冷剂管路

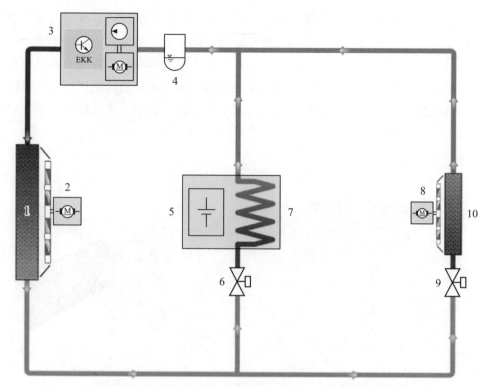

图 1.4-9　动力电池制冷剂回路冷却系统（二）电气组成结构

1,10—冷凝器；2,8—电风扇；3—电动制冷剂压缩机；4—干燥器瓶；
5—高压蓄电池单元；6,9—膨胀和截止组合阀；7—弹簧

1.4.3.2　动力电池制冷管路排布

　　动力电池内部制冷剂回路冷却系统主要排布了构成蒸发器的铝合金平管。为了确保冷却通道完成排出电池模块热量的任务，必须以均匀分布的作用力将冷却通道完整地（整个面积）压到电池模块上。该压紧力通过嵌有冷却通道的弹簧条产生。弹簧支撑在高压蓄电池单元壳体上，从而将冷却通道压到电池模块上（图1.4-10）。

1.4.3.3　制冷剂回路冷却的作用

　　有些汽车仅仅使用高压蓄电池直接通过制冷剂进行冷却；有些汽车则使用"双路冷却系统"，即冷却液和冷媒冷却。电动冷却液泵通过冷却液循环回路输送冷却液，只要冷却液的温度低于动力电池，仅利用冷却液的循环流动便可冷却。如果冷却液温度上升，不足以使动力电池的温度保持在预期范围内，则需要想办法降温，就需要借助空调系统进行冷却。

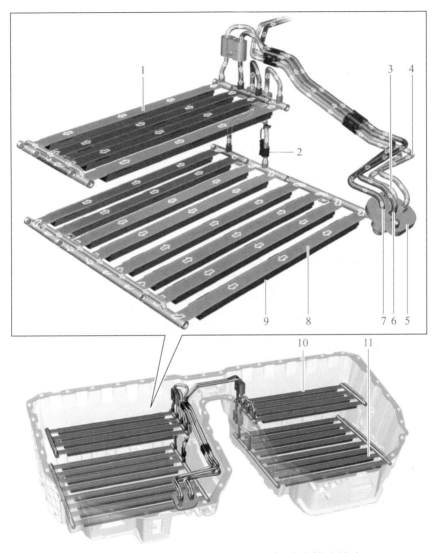

图 1.4-10　动力电池制冷剂回路冷却系统管路排布

1，8—热交换器；2—温度传感器；3，4—供给管路；5，6—回流管路；5—连接法兰；
9—弹簧条；10，11—热交换器

1.4.4　动力电池冷却系统原理

1.4.4.1　动力电池制冷剂冷却

动力电池进行冷却时，电池将热量传至制冷剂。电池通过这种方式得以冷却，制冷剂蒸发。随后电动空调压缩机将制冷剂压缩至较高的压力水平，之后通过冷凝器将热量排放到环境空气中并以此方式使制冷剂重新变为液态聚集状态，这样可通过降低膨胀阀内的压力水平使制冷剂能够重新吸收热量。通过这种方式可在较高车外温度和较高驱动功率下产生冷却。

为了通过制冷剂进行电池冷却，在电池模块下方带有铝合金平管构成的热交换器，它与内部制冷剂管路连接在一起，进行冷却时有制冷剂流过（图 1.4-11）。

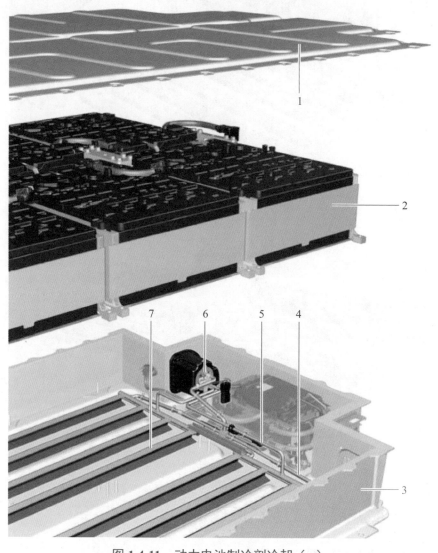

图 1.4-11　动力电池制冷剂冷却（一）

1—高压蓄电池盖板；2—电池模块；3—高压蓄电池壳体；4—制冷剂回流管路；
5—制冷剂供给管路；6—膨胀和截止组合阀连接法兰；7—热交换器

在高压蓄电池单元内部，制冷剂在管路和铝合金冷却通道内流动。通过入口管路流入的制冷剂直接在高压蓄电池单元接口处分入两个供给管路，之后再次分别进入两个冷却通道并在冷却通道内吸收电池模块的热量。在冷却通道末端，制冷剂被输送至相邻冷却通道内，由此回流并继续吸收电池模块的热量。最后带有蒸发制冷剂的四个管路段重新汇集到一起，一个共同的回流管路通到抽吸管路接口处。在其中一个供给管路上还有一个温度传感器，传感器信号用于控制和监控冷却功能。该信号直接由电池管理系统控制单元读取（图1.4-12）。

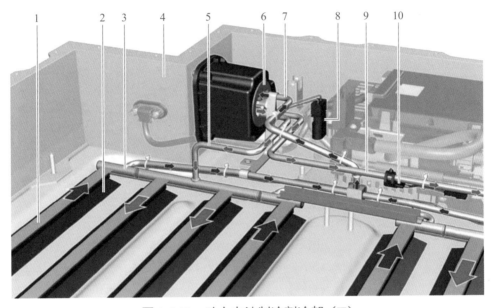

图1.4-12　动力电池制冷剂冷却（二）

1—热交换器；2—弹簧条；3—冷却通道连接装置；4—高压蓄电池壳体；
5—制冷剂供给管路；6—膨胀和截止组合阀连接法兰；7—制冷剂回流管路；
8—电气加热装置插头；9—制冷剂供给管路；10—制冷剂温度传感器

1.4.4.2　动力电池加热

车辆通过热交换管理在适当的时候给动力电池加热。热交换管理通过水管与PTC加热器、暖风水箱、动力电池以及驱动电机冷却系统连接，由热管理控制器进行控制，负责控制整车冷却、制冷、加热系统间的热量交换，提高热效率。

对于加热线圈给动力电池加热，会启用高电压系统并使电流经过加热丝。加热丝沿冷却通道布置，由于冷却通道与电池模块接触，因此加热线圈内产生的热量会传至电池模块和电池（图 1.4-13）。

由于是通过高电压系统为加热装置供电，因此用橙色标记相应导线。此外还在电动机械式接触器触点后分接出加热装置导线，因此只有在高电压系统启用状态下，加热装置导线上才有电压。

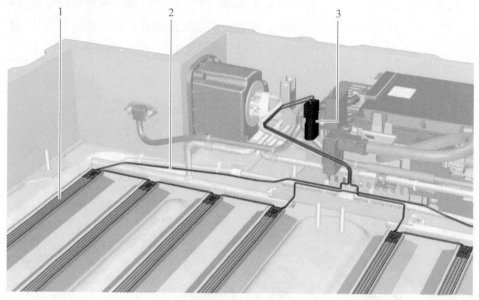

图 1.4-13　动力电池加热
1—加热线圈；2—接口；3—高电压加热装置插头

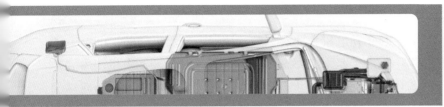

第2章

驱动电机的基本构造与原理

2.1 认识驱动电机

2.1.1 驱动电机类型

2.1.1.1 电机分类

根据电源不同，电机（电动机）可以分为直流电机和交流电机两大类，见图 2.1-1。

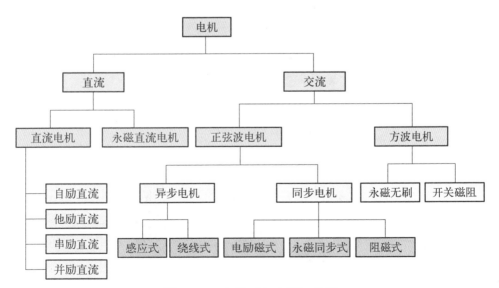

图 2.1-1 电机（电动机）分类

2.1.1.2 车用电机类型

现在电动汽车采用的驱动电机主要有三种，分别为交流永磁同步电机、交流异步电机和开关磁阻电机，见图 2.1-2～图 2.1-4。从乘用车驱动电机使用情况来看，搭载最广泛的还是交流永磁同步电机。在四轮驱动车辆上通常前轮（四驱车型的辅助驱动）搭载交流异步电机，后轮搭载交流永磁同步电机，或者前后轴都搭载交流永磁同步电机（图 2.1-5）。直流开关磁阻电机多用于商用车上。

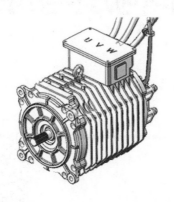

图 2.1-2　交流永磁同步电机

图 2.1-3　交流异步电机

图 2.1-4　开关磁阻电机

图 2.1-5　驱动电机系统

1—交流异步电机；2—交流永磁同步电机

2.1.2　驱动电机结构

2.1.2.1　交流异步电机基本构造

交流异步电机主要有定子和转子两大部件。电机结构见图 2.1-6。

扫一扫

视频精讲

图 2.1-6　电机结构

（1）定子

定子是电机最外面的圆筒，内侧缠绕很多绕组，这些绕组与外部交流电源接通，定子与机座连接在一起固定不动，故称为"定子"。

（2）转子

对于电机的转子，一种是缠绕多绕组的圆柱体，另一种是笼型结构的圆柱体。转子与电机同轴连接输出旋转的动力，故称为"转子"。转子与定子之间没有任何物理连接，但是当定子上的绕组通交流电时，转子就会旋转并输出动力。

2.1.2.2　永磁同步电机结构

（1）永磁同步电机总体构造和组成

交流永磁同步电机包括定子铁芯、定子绕组、转子铁芯、永磁体、转子轴、轴承及端盖等部分，此外还有转子支撑部件、冷却水管、接线盒等（图 2.1-7 和图 2.1-8）。

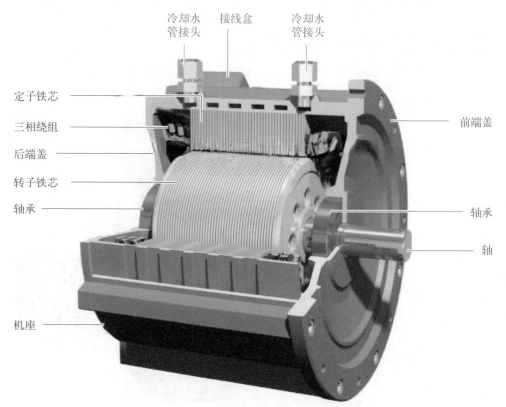

图 2.1-7　交流永磁同步电机（内部结构）

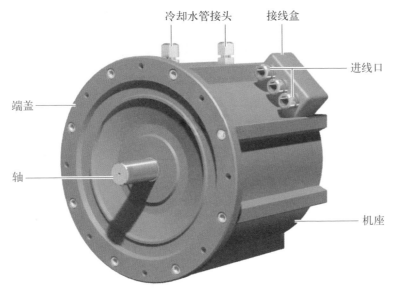

图 2.1-8　交流永磁同步电机（外形构造）

（2）定子　定子及其绕组见图 2.1-9 和图 2.1-10。

❶ 定子：定子铁芯作为电机主磁路的一部分，表面由绝缘涂层的硅钢片叠压而成。

❷ 定子绕组：定子铁芯的内圆上均匀地分布着定子槽，槽内嵌放着三相定子绕组。定子绕组线圈具有 U 相、V 相和 W 相，采用 Y 形连接或三角形连接。定子绕组是定子的电路部分，用以从电源输入电能并产生气隙内的旋转磁场。

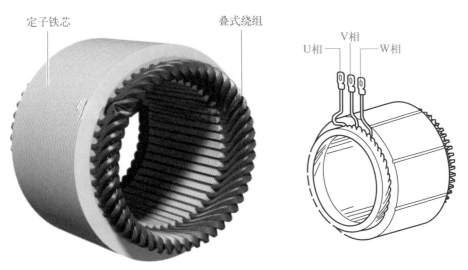

图 2.1-9　定子

图 2.1-10　定子绕组

❸ 机座：定子安装在机座内，机座是整个电机安装的基础。机座见图 2.1-11。

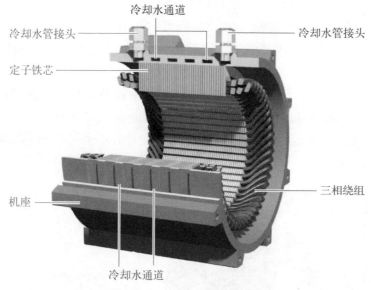

图 2.1-11　机座（定子内部）

（3）转子（图 2.1-12）

交流永磁同步电机的转子主要由转子铁芯、永磁体、转轴、轴承等结构组成，与普通异步电机不同的是，永磁同步电机的转子上安装有永磁体磁极。

交流永磁同步电机的转子采用内置永磁体结构，在铁芯内开有插装永磁体的槽，在永磁体两侧有隔磁的空气槽以减小漏磁。

图 2.1-12　转子

（4）永磁同步电机装车结构

❶ 装车布局。如图 2.1-13 所示是纯电动汽车驱动电机装车布局。

图 2.1-13　纯电动汽车驱动电机装车布局

❷ 总成结构。如图 2.1-14 所示是永磁交流同步电机和驱动单元。集成式驱动单元由驱动电机、电机控制器和变速器组成。

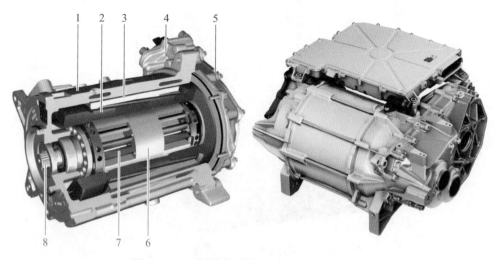

图 2.1-14　永磁交流同步电机和驱动单元

1—电机机座；2—线圈（U、V、W）；3—定子；4—高压连接件（U、V、W）；

5—盖子；6—转子；7—永磁体；8—转子轴

❸ 内部结构。永磁同步电机的主要装配组件是定子、转子、带温度传感器的旋转变压器等。

a.定子：包含用于三相连接的带有母线的绕组。定子主要由叠片铁芯和三相异形线绕组组成。叠片铁芯由单独的焊接和分层的圆盘构成。用于制造圆盘的金属板具有高导磁率和电绝缘性，且两面镀层（图 2.1-15 和图 2.1-16）。

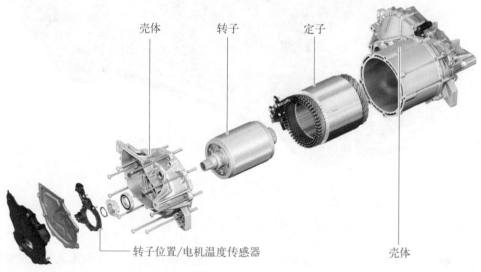

图 2.1-15　永磁同步电机

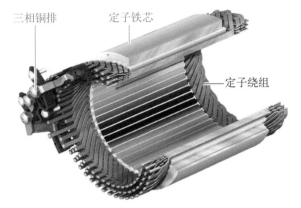

图 2.1-16　定子

b.转子：设计在内部运行，并且装有由钕合金制成的永磁体。

小贴士

钕，化学符号 Nd，具有顺磁性，最活泼的稀土金属之一。钕在稀土领域中扮演着重要角色，并且左右着稀土市场。

转子由转子轴、嵌入的叠片铁芯、V 形排列的永磁体、平衡垫圈和旋转变压器组成。转子的叠片铁芯分层锻制而成。平衡垫圈安装在转子的端面上，并用四个贯穿始终的张紧螺栓连接在一起。转子轴是空心轴，又用于与传动单元输入轴连接的内部纵向花键（图 2.1-17）。

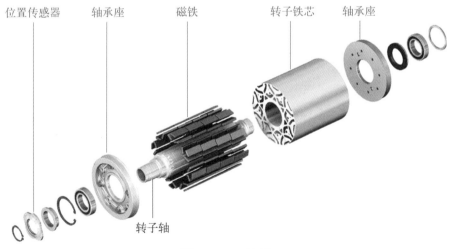

图 2.1-17　转子

轴承：转子轴承位于中间轴承座中。

c.引线和传感器：ⓐ三相连接线缆；ⓑ驱动电机的转子位置传感器（检测转子的位置）；ⓒ确定绕组温度的温度传感器和信号连接器。

d. 中间壳体：通过后盖封闭。

2.1.2.3　交流异步电机的结构

（1）总体构造和组成

交流异步电机其实和同步电机总体结构基本类似，主要由定子、转子等构成（图2.1-18）。

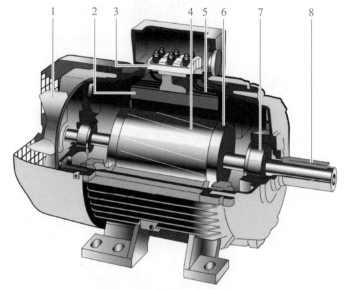

图 2.1-18　交流异步电机的结构

1—风扇；2—支架叠板；3—端子板（电源接口）；4—带有转子棒的转子叠板；

5—支架绕组；6—短路环；7—滚柱轴承；8—轴

❶ 定子。交流异步电机的定子通常固定在机座上，与外壳制成一体。定子是由定子绕组和定子铁芯构成的（图2.1-19）。

定子铁芯由硅钢片（图2.1-20）叠成，在定子铁芯内圆有许多槽，用来嵌放定子绕组。转子铁芯也由硅钢片叠成，同样在转子铁芯外圆有许多槽，用来嵌放转子绕组。转子铁芯插入定子铁芯，定子铁芯与转子铁芯之间留有气隙（图2.1-21）。

❷ 转子。转子是交流异步电机的旋转部分，通过感应电机定子形成的旋转磁场，产生感应转矩而转动，所以交流异步电机也称感应电机。

定子铁芯　　　　　　　　定子绕组

图 2.1-19　交流异步电机的定子

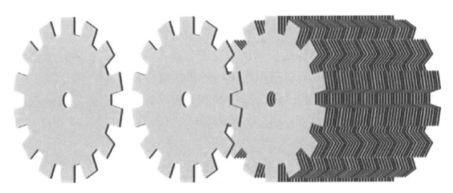

图 2.1-20　硅钢片

定子铁芯　　　　　转子铁芯　　　　　定子铁芯　　　转子铁芯

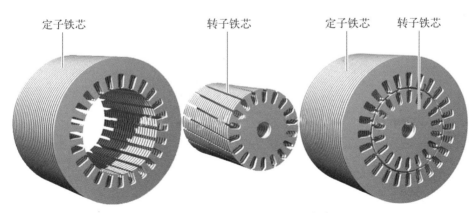

图 2.1-21　定子铁芯与转子铁芯

交流异步电机的转子有两种不同结构的绕组形式，即笼型和绕线型转子，汽车上大多使用笼型转子（图 2.1-22）。

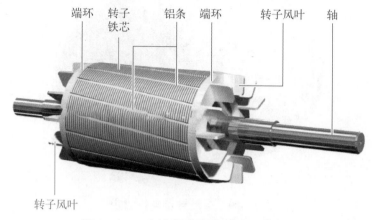

图 2.1-22　交流异步电机转子（笼型）

（2）装车结构

❶ 装车布局。如图 2.1-23 所示的是交流异步电机，这是在四轮驱动汽车上搭载的电机，该电机为四轮驱动和增压功能提供额外的驱动。由于异步电机的低阻力矩，它可以在车辆的许多运行状态下关闭。如果需要或当前动态驾驶情况非常苛刻，前桥上的电驱动电机提供支持。

图 2.1-23　交流异步电机

❷ 总成结构。交流异步电机总体组成结构与永磁同步电机一样，如图 2.1-23 所示，也是一款集交流异步电机、变速器、电机控制器于一体的驱动单元总成。

❸ 内部结构。交流异步电机内部结构组成基本与交流同步电机一样，见图 2.1-24。

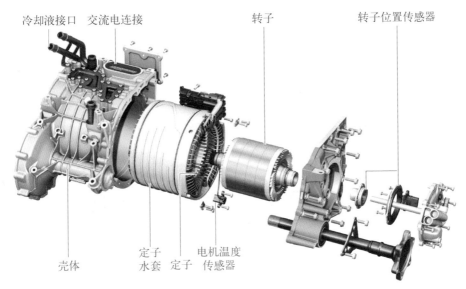

图 2.1-24　交流异步电机内部结构组成

a. 定子：交流异步电机转子的转动要稍慢于定子的转动磁场，见图 2.1-25。

图 2.1-25　交流异步电机定子

b. 转子：转子轴安装在悬垂位置，且通常是空心轴，前端带有花键，花键面向传动单元，通过它与输出轴同轴引出。转子轴使用滚珠轴承，轴承与电机外壳紧密配合，能最大限度地减少动力传动的机械损失。交流异步电机转子见图 2.1-26。

短路环(消除振动和噪声)

鼠笼型转子

转子轴(空心)

图 2.1-26　交流异步电机转子

2.1.2.4　开关磁阻电机

（1）基本结构

开关磁阻电机同样是以转子和定子为主要的结构部件。与普通电机一样，转子与定子之间有很小的缝隙，转子可在定子内自由转动。

（2）定子和转子

开关磁阻电机采用双凸极结构。由于定子与转子都有凸起的齿极，所以称为双凸极结构。如图 2.1-27所示，在定子齿极上绕有线圈（定子绕组），是向电机提供工作磁场的励磁绕组，但它的转子上没有励磁绕组和永磁体。

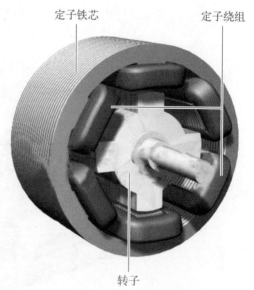

定子铁芯

定子绕组

转子

图 2.1-27　转子和定子

（3）结构形式

根据相数和定、转子极数的不同，开关磁阻电机可以有多种不同的结构形式，较常见的有三相 6/4 极、三相 12/8 极（图 2.1-28）。

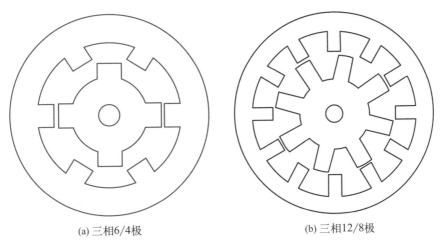

(a) 三相6/4极　　　　　　　　　　　　(b) 三相12/8极

图 2.1-28　不同极数开关磁阻电机的内部结构

2.1.2.5　轻混驱动电机的结构

（1）装车布局

混合动力汽车搭载的是交流永磁同步"盘形"电机，也可以称为混合动力模块，安装在发动机与自动变速器之间，具有起动机和高压发电机的功能（图 2.1-29 和图 2.1-30）。

图 2.1-29　"盘形"电机安装位置（一）

图 2.1-30　"盘形"电机安装位置（二）

1—发动机；2—电动机；3—自动变速器变矩器；4—变速器

（2）总成结构

位于混合动力汽车发动机和变速器之间的"盘形"电机，用电驱动或机械驱动时代替变矩器来驱动变速器。它是一个密封式不可维修的单元，只可作为完整的总成进行更换（图 2.1-31）。

图 2.1-31　电机总成

（3）内部结构

如图 2.1-32 所示的"盘形"电机内部结构，除了定子和转子等主要部件外，还包含多片式离合器、转子位置传感器和温度传感器等部件，其中多片式离合器用于接合、分离发动机与电机之间的连接。除此之外，在电机和变速器之间还有一组多片式离合器，用于结合、分离电机与传动系统之间的连接。

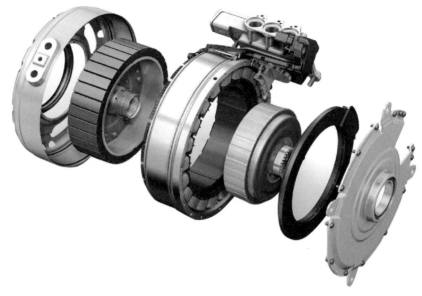

图 2.1-32　"盘形"电机内部结构

❶定子：如图 2.1-33 所示，定子由 24 个线圈排列构成。线圈分为三组，每组有 8 个，它们串联在一起。每组线圈对应三相输入中的一个单相。线圈绕在定子周围，产生统一的交替模式。

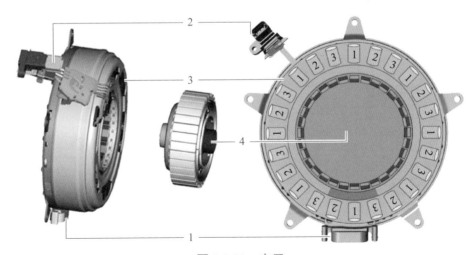

图 2.1-33　定子

1—高压电缆连接（U、V 和 W）；2—速度传感器连接；3—定子；4—转子

❷ 转子：如图 2.1-34 所示，转子是 32 极永磁结构，可提供恒定的磁场输出。转子通过花键连接至变速器输入轴，通过旋转转子，车辆发动机或电机将驱动变速器。

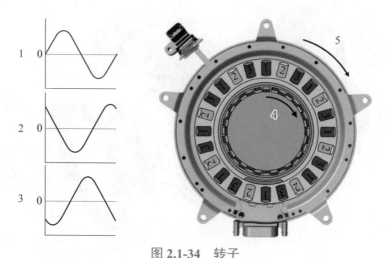

图 2.1-34　转子

1—阶段 1；2—阶段 2；3—阶段 3；4—转子旋转方向；5—磁场运动方向

2.1.3　驱动电机原理

2.1.3.1　交流电机基本原理

交流电机定子的每个线圈都连接到输入电流的一个相位，由交流电流供电的 3 个相位之间具有 120° 相位偏移，它们在转子转动的空间内形成一个旋转磁场，转子线圈产生的感应电流就会使交流电机旋转运行（图 2.1-35）。

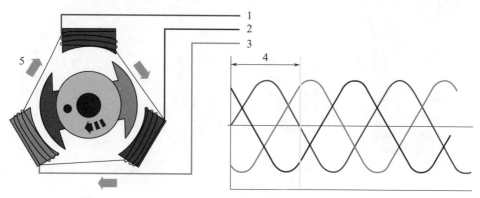

图 2.1-35　交流电机原理

1—阶段 1；2—阶段 2；3—阶段 3；4—交流循环；5—磁场方向

2.1.3.2　交流永磁同步电机原理

（1）基本原理

如图 2.1-36 所示，交流永磁同步电机是一个永磁体，N、S 为其两个磁极。当该转子置于定子磁场中时，定子磁场的磁极 N 吸引转子磁极 S，定子磁极 S 吸引转子磁极 N。如果此时使定子磁极转动，则由于磁力的作用，转子也会随之转动。

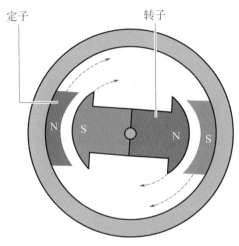

图 2.1-36　交流永磁同步电机原理

当永磁同步电机定子部分通入由三相逆变器经脉宽调制的三相交流电后，定子（电枢）会产生空间磁场，它与永磁体转子相互作用，产生与定子旋转磁场旋向相同的电磁转矩输出。当输出的转矩超过转子的摩擦转矩以及永磁体的阻尼转矩时，电机便开始向外做功，并不断地加速直至同步。

（2）装车驱动原理

驱动电机内包括电机控制器、电机和减速器。直流电通过高压盒总成配电后输送至电机控制器，经过旋变传感器的位置信号将直流电转化为三相交流电，供驱动电机驱动（图 2.1-37）。

!　小贴士

电机控制器是动力电池与驱动电机之间能量控制的装置，是电机驱动及控制系统的核心，作为整个动力系统的控制中心，控制和驱动特性决定了汽车行驶的主要性能指标。

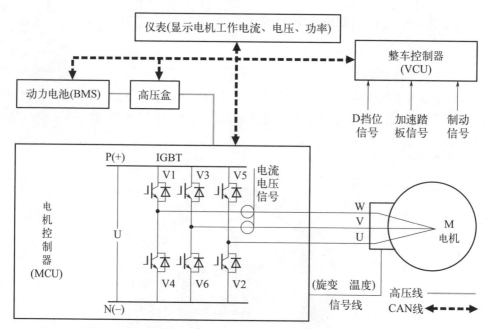

图 2.1-37　驱动电机工作原理

2.1.3.3　交流异步电机的原理

交流异步电机，"异步"是指转子的转速和定子磁场的速度不同步。电机定子是通过电机控制器来获得交流电供给的。铜绕组内的电流会在定子内产生旋转的磁通量（旋转的磁场），这个旋转磁场会穿过定子。

如图 2.1-38 所示，交流异步电机转子的转动要稍慢于定子的转动磁场，于是就在转子的笼型内感应出一个电流，转子内产生的磁场会形成一个切向力，使得转子转动。叠加的磁场就会产生转矩。

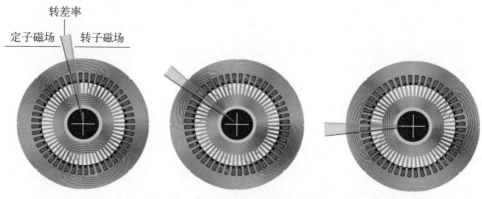

图 2.1-38　交流异步电机的原理

小贴士

转差率，表示的是转子和定子内磁场之间的转速差。

2.1.3.4　开关磁阻电机的工作原理

（1）基本原理

开关磁阻电机的工作原理与传统的交流异步电机有很大的区别。开关磁阻电机不依靠定、转子绕组电流所产生磁场的相互作用而产生转矩，而是依靠"磁阻最小原理"产生转矩。

开关磁阻电机的磁阻随着转子凸极与定子凸极的中心线对准或错开而变化，因为电感与磁阻成反比，当转子凸极和定子凸极中心线对准时，相绕组电感最大，磁阻最小；当转子凹槽和定子凸极中心线对准时，相绕组电感最小，磁阻最大。

（2）运行过程

如图 2.1-39 所示为四相 8/6 极开关磁阻电机的运行工作过程。

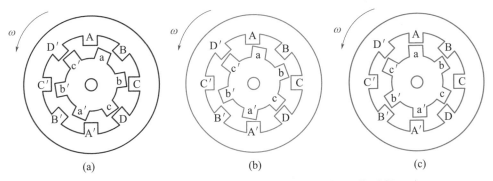

图 2.1-39　四相 8/6 极开关磁阻电机的运行工作过程

❶ 如果转子的初始位置如图 2.1-39（a）所示，此时转子极 aa′ 与定子极 AB 之间的凹槽正中位置对齐，此位置称为 A 相的不对齐位置。

❷ 当 A 相绕组通电时，所产生的磁通依次经过空气气隙、转子极 aa′ 和 A′ 相绕组到达定子轭部形成回路。由于此时磁阻不是最小，依据磁阻最小原理，磁场将产生一个切向拉力牵引转子极 aa′ 直到其转子齿中心线与 AA′ 轴对齐，如图 2.1-37（c）所示，对齐位置即为磁阻最小位置。

❸ 接下来，A 相关断，依次对 B 相、C 相和 D 相绕组单独通电，同理也会

产生切向拉力，这样转子就会沿逆时针方向转动。

2.1.3.5 混动电机模式

混动电机可作为发动机的起动机、发电机和驱动电机。

（1）串联混动的驱动电机状态

串联混动是指发动机带动发电机发电，将电能输送给电动机驱动汽车，增程式电动汽车属于这一种。

串联混动相当于在普通电动汽车上装载了燃油发电机，只有一套纯电的驱动系统。在起步、低速、频繁加减速等工况下，由动力电池提供电能驱动。在高速、全速工况下，由发动机驱动发电机提供电能驱动。因为发动机不能直接给动力电池充电，需要外接充电口给动力电池充电，所以采用串联模式的一定是插电式混合动力汽车（图 2.1-40）。

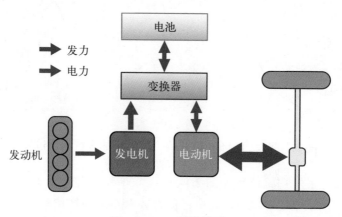

图 2.1-40　串联模式

（2）并联混动的驱动电机状态

并联混动模式车辆有两个动力源用于驱动车轮，发动机为主，电动机辅助。发动机或者电动机可以独立驱动车轮，也可以由驱动电机给动力电池充电，在发动机驱动车轮的同时，动力电池带动电动机驱动车轮（图 2.1-41）。

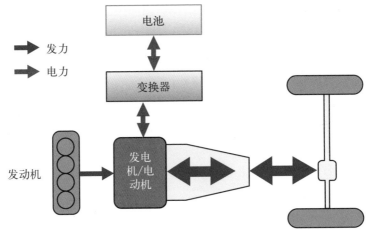

图 2.1-41　并联模式

（3）混联混动的驱动电机状态

混联混动模式车辆是指串并联组合，有两个电机，同样有两个动力系统驱动车轮，电动机为主，发动机辅助。混联式中一个电机仅用于直接驱动车轮，当需要极限性能的时候，另一个电机充当电动机直接驱动车轮，这时整车功率就是发动机、两个电机的功率之和；当电力不足的时候，也能充当发电机，给动力电池充电（图 2.1-42）。

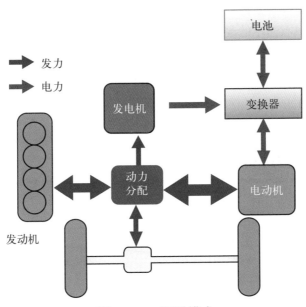

图 2.1-42　混联模式

2.1.4 驱动电机性能特点

2.1.4.1 交流同步永磁电机

交流同步永磁电机的优势主要表现在以下方面。

❶ 交流同步永磁电机的转动速度与供电电源频率同步。工作在电源频率恒定的条件下，其转速也恒定不变，与负载无关。

❷ 运行噪声小。

❸ 功率密度大。

❹ 低速输出转矩能力强。

❺ 能量转换效率高，能耗低。

❻ 相对体积要小一些。

2.1.4.2 交流异步电机

交流异步电机的主要优势表现在装车成本上。由于不需要特殊的稀有金属，所以制造和使用成本都有所降低。

2.1.4.3 开关磁阻电机

开关磁阻电机有结构简单、装车成本相对较低等优势，具体表现在以下几个方面。

❶ 在转子上没有任何形式的线圈绕组。

❷ 定子上只有简单的集中绕组，端部较短，没有相间跨接线。

❸ 转子无永磁体，不需要稀有金属。

❹ 更重要的是开关磁阻电机的转矩与电流极性无关，只需要单向的电流激励，可以很好地控制正反转。

2.2 驱动电机控制器

2.2.1 驱动电机控制器构造

2.2.1.1 驱动电机控制器安装位置

如图 2.2-1 所示，驱动电机控制器是通过固定螺栓直接拧在驱动电机上的，与驱动电机三相供电连接。

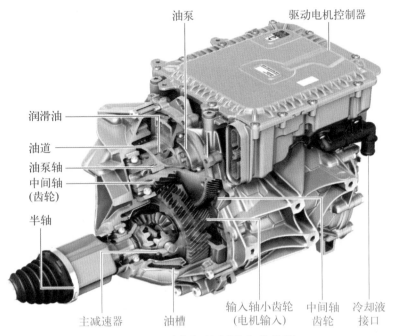

图 2.2-1　驱动电机控制器安装位置

2.2.1.2　驱动电机控制器的结构

驱动电机控制器（power electric unit，PEU）是一个高功率、高电压的功率电子模块，主要是由 DC/AC 逆变器和 DC/DC 转换器等组成。如图 2.2-2 和图 2.2-3 所示是驱动电机控制器及其内部结构。

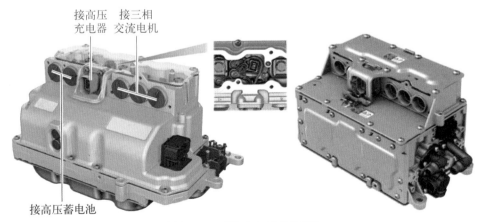

图 2.2-2　驱动电机控制器

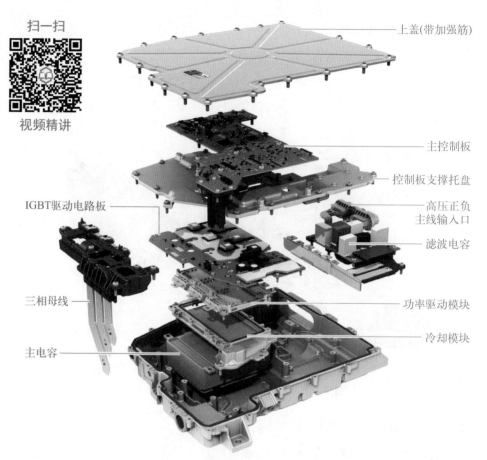

图 2.2-3　驱动电机控制器内部结构

2.2.2　驱动电机控制器原理

2.2.2.1　驱动电机控制器的作用

驱动电机控制器是控制动力电池与前电机之间能量传输控制的装置，是电机驱动及控制系统的核心，作为整个动力系统的控制中心，控制和驱动特性决定了汽车行驶的主要性能指标。PCU 将动力电池的直流电转换成电动机可用的交流电，电动机完成转矩输出。

2.2.2.2　驱动电机控制器的控制

驱动电机控制器包含控制电路、驱动电路、IGBT 功率半导体模块及其关联电路等硬件部分，以及驱动电机控制算法和逻辑保护等软件部分。驱动电机控制器接收整车控制器命令，通过旋变传感器的信号控制 IGBT 工作并驱动电机。

参见如图 2.1-37 所示的驱动电机工作原理。

驱动电机控制器采用 CAN 通信控制，控制着动力电池到电机之间能量的传输转换，同时采集电机位置信号和三相电流检测信号，根据整车控制器的模式、转矩等指令请求，通过内部控制算法运算后控制逆变器 IGBT 关断来驱动逆变器产生三相电流使驱动电机运行（图 2.2-4）。

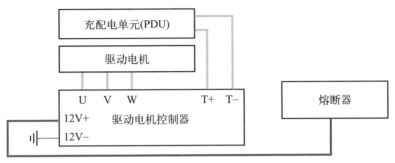

图 2.2-4　电驱系统控制电路

2.3　旋转变压器

2.3.1　旋转变压器构造

2.3.1.1　安装位置

旋转变压器，在汽车维修中通常称为旋变传感器或"旋变"。旋转变压器通常安装在驱动电机的后端壳处（图 2.3-1）。

图 2.3-1　旋转变压器安装位置

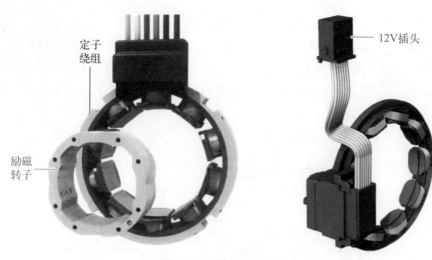

定子绕组

励磁转子

12V插头

图 2.3-2　旋转变压器

2.3.1.2　旋转变压器的结构

（1）总体结构

旋转变压器其实就是一个特别小型的交流电机，也分为旋变定子和旋变转子两大部分（图 2.3-2）。旋转变压器在驱动电机上的结构见图 2.3-3。

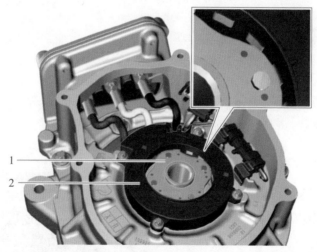

1

2

图 2.3-3　旋转变压器在驱动电机上的结构

1—转子；2—定子

（2）旋转变压器转子

如图 2.3-4 所示，旋转变压器转子与驱动电机转子同轴连接，随电机转轴旋转。驱动电机旋转时，带动旋转变压器转子旋转。旋转变压器转子见图 2.3-5。

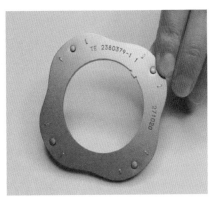

图 2.3-4　旋转变压器转子位置　　　　图 2.3-5　旋转变压器转子

（3）旋转变压器定子

如图 2.3-6 所示，旋转变压器定子内侧有感应线圈，安装在驱动电机定子上。电动汽车驱动电机采用的旋转变压器为正余弦旋转变压器。

图 2.3-6　旋转变压器定子

2.3.2　旋转变压器原理

2.3.2.1　旋转变压器作用

旋转变压器信号可精准地检测驱动电机转子当前的旋转相位，电机控制器通过旋转变压器信号计算当前的驱动电机转速（图 2.3-7）。

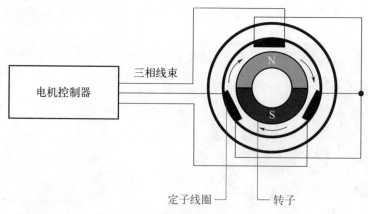

图 2.3-7　旋转变压器作用原理

2.3.2.2　工作原理

（1）绕组布置

旋转变压器定子绕组内部有三组励磁绕组线圈，一组为励磁绕组，一组为正弦信号绕组，一组为余弦信号绕组，两个信号绕组在布置上相差 90°，在励磁绕组上连接交流信号（图 2.3-8）。

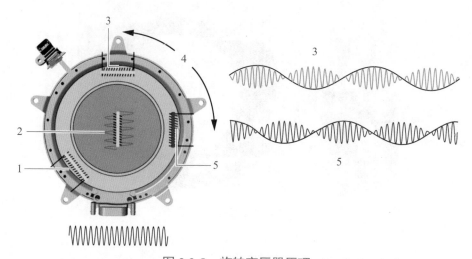

图 2.3-8　旋转变压器原理

1，2—线圈（励磁）；3—线圈（正弦）；4—90°；5—线圈（余弦）

（2）基本控制

❶ 当转子不旋转时，三个信号为同频率信号，振幅没有变化。

❷ 由于转子上有凸起，当转子旋转时信号绕组中的磁通量会周期性地发生

变化，这样信号的振幅随着转子的变化而改变，根据两个信号的相互关系，驱动电机控制器就可以实时判断转子的位置（图2.3-8）。

（3）运行过程

简单来说：在旋转变压器运行过程中，当转子转到不同的位置的时候，感应线圈感应到的磁场是不一样的，感应出来的电压的幅度也是不一样的。这样，电机控制器通过分析不同的电压幅度，就可以获取转子实际转到的位置和转速。旋转变压器转子转到不同位置的信号电压见图2.3-9～图2.3-11。

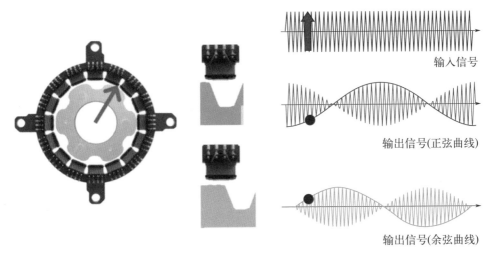

图 2.3-9　运行过程（一）

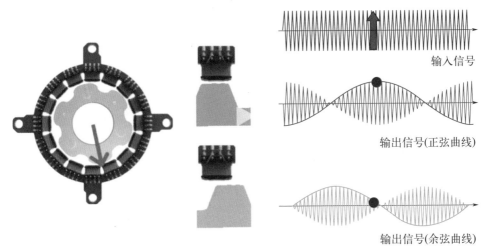

图 2.3-10　运行过程（二）

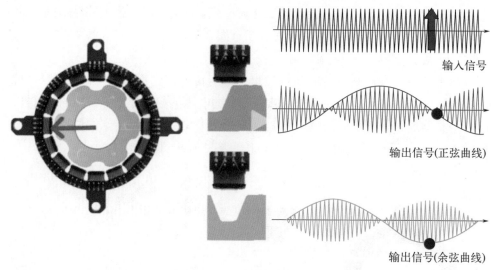

输入信号

输出信号(正弦曲线)

输出信号(余弦曲线)

图 2.3-11　运行过程（三）

（4）引线

旋转变压器与电机控制器中间通过 6 根低压线束连接，2 根是驱动电机控制器的激励信号，另外 4 根分别是旋转变压器输出的正弦信号和余弦信号。6 根低压线束当中任何一根线路出现故障都会导致驱动电机无法正常工作（图 2.3-12 和图 2.3-7）。

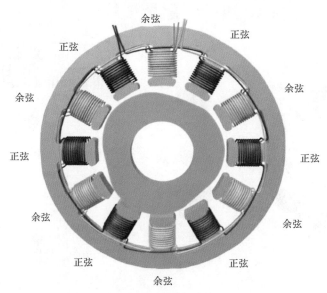

图 2.3-12　旋转变压器绕组及引线

2.4 电机温度传感器

2.4.1 电机温度传感器结构

2.4.1.1 电机温度传感器安装位置

电机温度传感器通常集成安装到电机的定子绕组上，且安装功能完全等同的两个电机温度传感器。电机温度传感器安装位置见图 2.4-1 ～图 2.4-3。

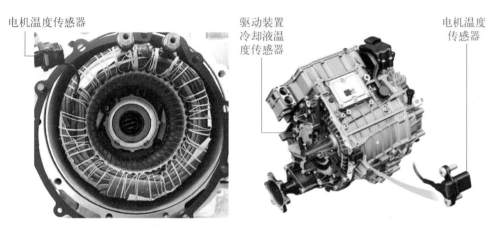

图 2.4-1　电机温度传感器安装位置

图 2.4-2　电机温度传感器安装位置（大众和奥迪某款车型）

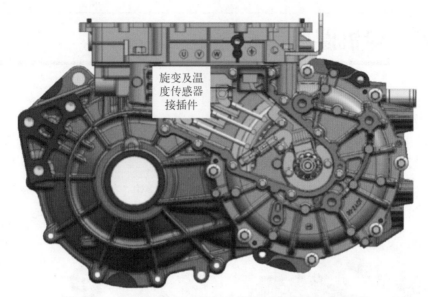

图 2.4-3　电机温度传感器安装位置（比亚迪某款车型）

2.4.1.2　电机温度传感器作用

电机温度传感器用于防止驱动电机温度过高。为了降低整个电机的更换概率，所以安装了两个同样的电机温度传感器。这样的装车设计方式好处就是，如果这两个电机传感器之一损坏了，则不会有故障记录，如果电机上的这两传感器都损坏了，就得更换整个电机。

2.4.2　电机温度传感器原理

驱动电机内两个温度传感器位于定子的两个绕组线圈之间，以加强信号检测。它不直接测量转子温度，而是根据定子内的温度传感器测量值进行确定。两个温度传感器都采用 NTC 型电阻，其信号以模拟方式由驱动电机控制器读取和分析。

 小贴士

NTC 型电阻是负温度系数热敏电阻，其特点是随着温度的升高而电阻减小。电机温度传感器多采用这种电阻，少数车辆也采用正温度系数电阻。热敏电阻及引线见图 2.4-4。

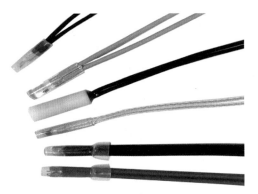

图 2.4-4　热敏电阻及引线

2.5　驱动电机冷却系统

2.5.1　驱动电机冷却系统构造

2.5.1.1　驱动电机本体冷却结构

（1）基本冷却结构

驱动电机机体壁内有冷却水通道，通道是螺旋状环绕机座，分两层制作，两个冷却水管接头是冷却水的进出口（图 2.5-1）。

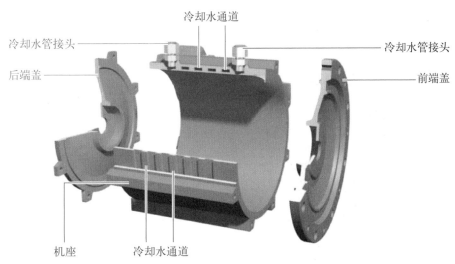

图 2.5-1　机体冷却水通道

（2）装车冷却结构（图2.5-2～图2.5-4）

驱动电机和电机控制器是通过低温循环管路冷却液来冷却的。定子和转子周围都有冷却液流过，尤其是附带的转子内部冷却，在持续功率输出和再现峰值功率方面具有重要意义。

驱动电机控制器和驱动电机是彼此串联在冷却环路中的。冷却液最初通过电驱动形式输送到电机控制器，以便最冷的冷却液可以在IGBT周围循环。冷却液流出后经过电机控制器，它通过一个密封连接器元件进入驱动电机外壳的冷却套。定子通过驱动电机外壳的冷却套冷却，定子的气隙也用于通过冷却夹套冷却转子。

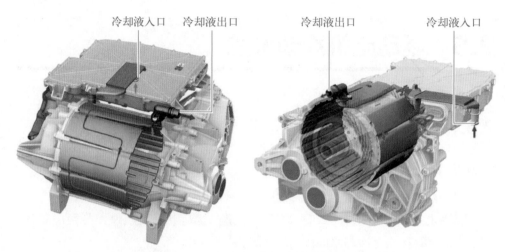

图 2.5-2　驱动电机内部冷却结构（一）

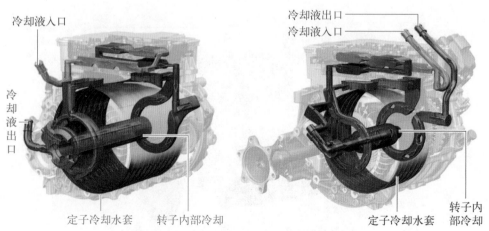

图 2.5-3　驱动电机内部冷却结构（二）

冷却液入口

冷却液出口

图 2.5-4　驱动电机内部冷却结构（三）

2.5.1.2　驱动电机冷却系统组成

驱动电机冷却系统组成部件有驱动电机、车载充电机、电机控制器、热交换集成模块（器）、电动水泵、膨胀罐、散热器、散热器风扇等（图 2.5-5）。

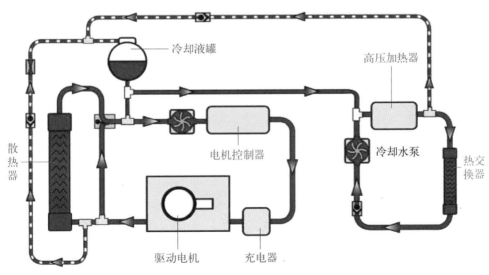

冷却液罐

高压加热器

散热器

电机控制器

冷却水泵

热交换器

驱动电机

充电器

图 2.5-5　驱动电机冷却系统组成

2.5.2 驱动电机冷却系统原理

2.5.2.1 作用

驱动电机转子高速旋转会产生高温，热量通过机体传递，如果不加以降温，驱动电机无法正常工作，所以驱动电机机体内设有冷却液道，通过冷却液的循环与外界进行热交换，这样能将驱动电机的工作温度保持在一定范围内，防止驱动电机过热。

电机控制器不但控制驱动电机的高压供电，还将动力电池的高压直流电转化成低压直流电，为铅酸蓄电池充电。在此过程中会产生热量，需要通过冷却液循环散热。

2.5.2.2 驱动电机冷却系统回路

在驱动电机冷却系统中，通过低压电路驱动电机水泵进行冷却液循环，为电机控制器、车载充电机、驱动电机、散热器实施散热。驱动电机冷却系统如图 2.5-6 所示。

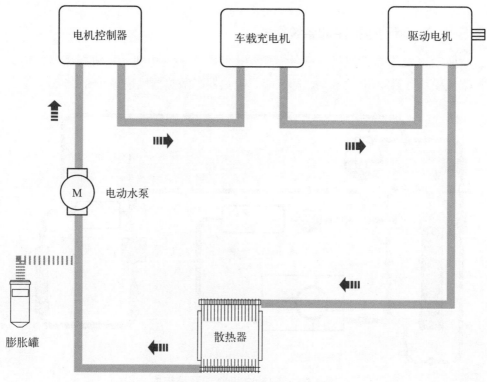

图 2.5-6 驱动电机冷却系统

2.5.2.3　冷却风扇原理

冷却风扇总成安装在机舱内散热器的后部，它可增加散热器和空调冷凝器的通风量，从而有助于加快车辆低速行驶时的冷却速度。

通常采用双风扇以及高低速的控制模式，通过两个不同的电机驱动扇叶。冷却风扇由整车控制模块（VCU）利用冷却风扇低速继电器和冷却风扇高速继电器直接控制。在低速电路中，采用串联调速电阻的方式来改变风扇的转速。

2.5.3　油冷电机

油冷系统采用定子冷却和转子冷却相结合的冷却方式。电机冷却方式的选择，一方面取决于技术的成熟度及冷却效果，另外一方面取决于电机定子的固定方式。对于定子铁芯通过螺栓固定的电驱系统结构，油冷无疑是最优选择。电机冷却油从空心轴进入，通过动平衡板的出油孔在离心力的作用下甩出。该方式一方面通过降低转轴温度，间接降低转子铁芯和磁钢温度，另外一方面可有效冷却多层绕组内侧，从而冷却电机定子端部绕组。油冷电机如图 2.5-7 和图 2.5-8 所示。

图 2.5-7　油冷电机（一）

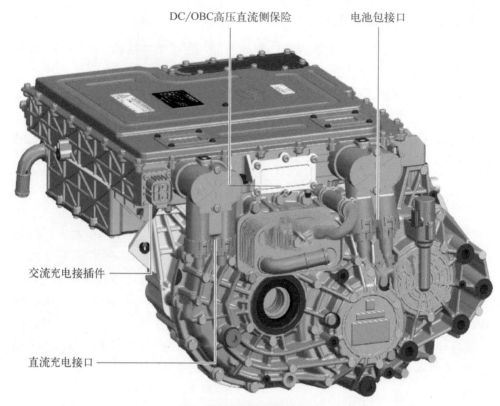

图 2.5-8　油冷电机（二）

　　电机轴（图 2.5-9）油液先进入中心，由凸出部甩到内壁后冷却油再从四个小孔喷出进行散热（图 2.5-10）。

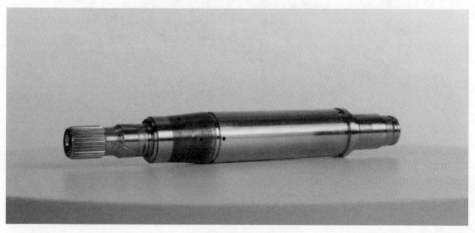

图 2.5-9　电机轴

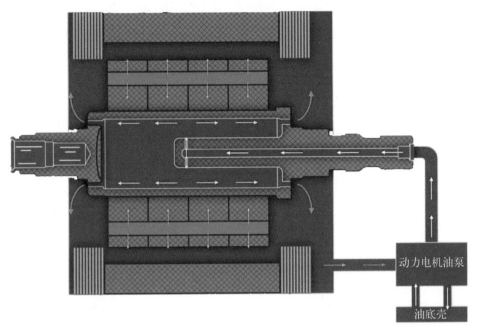

图 2.5-10　电机油冷系统示意

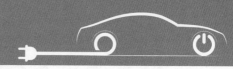

下篇
动力电池和驱动电机的维修与故障排除

第 3 章

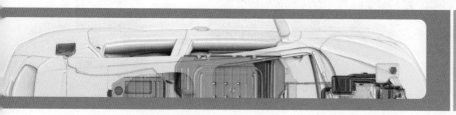

电动汽车维修基础知识

扫一扫

3.1 走进修理厂

视频精讲

3.1.1 了解维修电动汽车常识

电动汽车的用电设备分低压用电部件与高压用电部件。低压用电部件包括仪表、音响、灯光、喇叭和鼓风机等；高压用电部件包括驱动电机、电机控制器、电池包、高压配电箱、充电机/直流转换器、空调压缩机、电池换热器、水加热器等。高压部件上贴有橙黄色警告标签，注意警告标签上的内容要求，操作时必须穿戴绝缘护具。

3.1.2 了解修理厂安全工位设置

电动汽车维修现场的工位安全设置见图 3.1-1。

（1）安全警示

维修场地需要设置高压警示牌，拉起高压警戒线，以警示相关人员，避免发生安全事故。

（2）维修用电安全

配备专用维修工位接地线，在维修高压设备前，将车身用搭铁线连接到电动车专用维修工位的接地线上。

（3）专用充电线路

安装专用的 220V/50Hz/16A 交流电路和电源插座。如果给电动车充电时没有使用专用线路，可能影响线路上其他设备的正常工作。

（4）防火安全

维修场地应通风良好，无易燃易爆物品，地面平整，场地较开阔，同时必须配备适当型号的灭火器或消防设备。

扫一扫

视频精讲

下篇

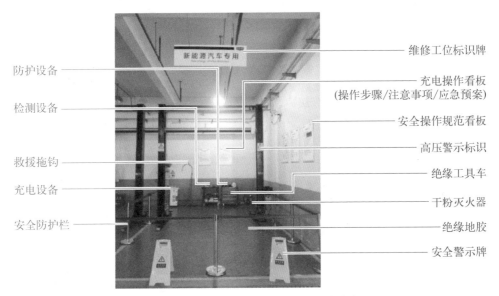

图 3.1-1　电动汽车维修现场的工位安全设置

3.1.3 了解维修电动汽车工装配置

维修电动汽车时，需按要求着装。工作前，必须检查绝缘防护用品，保证其无破损、漏孔等，内外表面清洁、干燥，不能带水进行操作，确保安全。

（1）工作服

维修作业前必须穿戴好绝缘级别为 5kV 的绝缘防护服——工作服。为防止事故发生，工作服必须结实、合身，以便于工作。为防止工作时损坏汽车，不要暴露工作服的带子、纽扣以及钥匙链等。如图 3.1-2 所示。

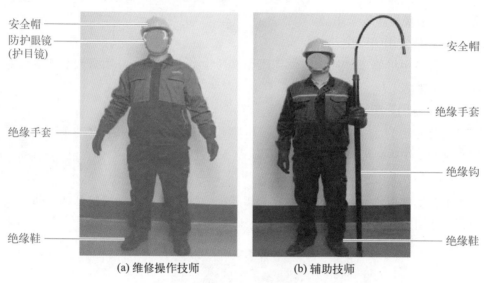

(a) 维修操作技师　　　　　(b) 辅助技师

图 3.1-2　工作服

（2）工作鞋

维修作业前必须穿好绝缘级别为 10kV 的绝缘鞋（图 3.1-2 和图 3.1-3）。

图 3.1-3　绝缘鞋

（3）安全帽

维修作业前必须戴好绝缘级别为 10kV 的安全帽（图 3.1-2）。

（4）绝缘手套和防护眼镜

维修作业前必须戴好绝缘级别为 1kV 的绝缘手套以及防护眼镜（图 3.1-2 和图 3.1-4）。要根据工作情况选择相应的防高压电工手套或防电池电解液酸碱性手套。

图 3.1-4　防护眼镜

扫一扫

视频精讲

3.1.4　熟悉电动汽车维修职业能力和岗位

3.1.4.1　电动汽车维修工的职业素养

❶ 首先应储备传统汽车维修知识和能力。了解与传统汽车维修及新能源汽车（电动汽车）维修相关的法规、标准及工作流程等。

❷ 对电动汽车高压系统进行维修操作，需满足国家法规对机电维修工岗位的资质要求或操作人员持有本人的电工操作证。

❸ 掌握新能源汽车（电动汽车）动力电池及管理系统、驱动电机及控制系统、整车控制系统、充电系统、空调系统的基本构造原理；具备新能源汽车故障诊断及排除、维护、检修的能力；具备新能源汽车维修中的操作技能；能熟练使用专用工具及相关故障诊断仪。

❹ 从客户描述汽车故障、自己对故障现象确认、故障诊断分析，到判断故障发生部位、更换 / 维修故障元件、路试 / 自检、交单完工，这一整套维修作业都必须有独立完成的能力。

3.1.4.2　电动汽车维修岗位设置

（1）维修岗位设置

对于电动汽车（新能源汽车）一线维修岗位人员，应遵循传统汽车维修岗位设置要求（表 3.1-1），且突出具体的电动化维修方面的专业能力。

表 3.1-1　一线技术工人岗位

分类		岗位技术能力特点
车间一线技术工人	机电维修	熟练掌握机械修理知识，精通电器／电气设备、电路维修技能，故障诊断分析能力强，树立以养代修的现代汽车维修观
	钣金（车身）维修	保证钣金工艺工作质量
	喷涂（车身涂装）	保持整个喷涂作业流程清洁，保证喷涂工艺流程正常及油漆质量良好

（2）职业能力建设

国家层面的职业目录中没有电动汽车（新能源汽车）维修工，建议按照汽车维修工职业建设进行能力叠加。国家已取消了汽车维修工职业资格证的考试和发证，改为社会层面的职业能力等级认定（初级、中级、高级、技师、高级技师、首席技师、特级技师）。笔者列举交通运输部职业资格中心 2022 年 7 月发布的《新能源汽车检测维修专业能力评价标准》对电动汽车（新能源汽车）维修工（岗位）的定义为："新能源汽车检测维修技术技能人员"，是指从事新能源汽车动力电池及管理系统检测与维修、驱动电机及控制系统检测与维修、整车故障诊断与维修、充电系统检测与维修等相关工作，具有一定的交通运输专业知识与工作经验，具备新能源汽车检测维修一般操作技能，能够解决新能源汽车检测维修工作中较常见技术技能问题的人员。

3.1.5　熟悉电动汽车维修基本流程

3.1.5.1　业务流程

如图 3.1-5 和图 3.1-6 所示为汽车维修厂的人员比较充分和运转机制完备条件下汽车维修的基本流程和任务协调示意，维修电动汽车的规范流程和维修传统汽车一样。现实中，无论维修企业大小，都要按照这样的流程去做。比如 小型维修企业，人员可能很少，那么维修技师需要"身兼数职"。从维修过程，到质量终检，维修技师可以一个人把握，保证维修质量，流程上也可以做到规范化。

通常一套比较完整的维修流程为：客户预约（如有）→询问客户（接待）→确定维修内容（任务分配）→执行维修（技师执行）→质量检验（包括自检互检和终检）→维修竣工（交车）→随访。

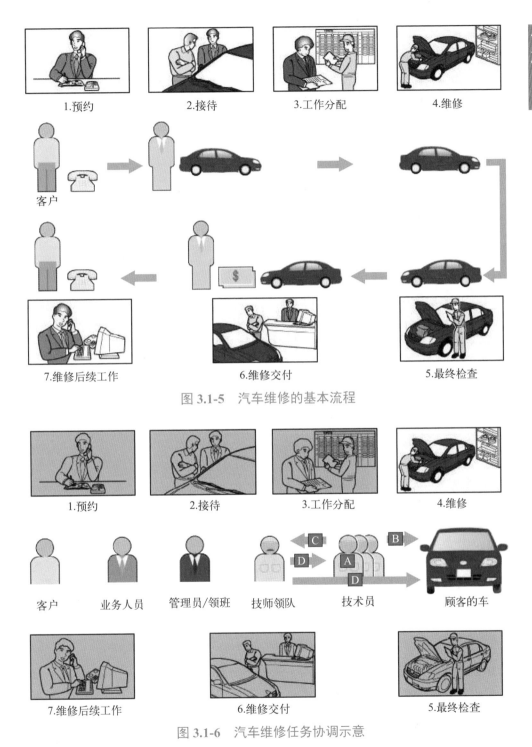

1.预约　　　　2.接待　　　　3.工作分配　　　　4.维修

客户

7.维修后续工作　　　6.维修交付　　　5.最终检查

图 3.1-5　汽车维修的基本流程

1.预约　　　　2.接待　　　　3.工作分配　　　　4.维修

客户　　　业务人员　　　管理员/领班　　　技师领队　　　技术员　　　顾客的车

7.维修后续工作　　　6.维修交付　　　5.最终检查

图 3.1-6　汽车维修任务协调示意

如果是小型维修企业，那么在人员配置上可以由最少人员来完成整个流程，基本上师徒两人即可完成，包括维修作业协调配合和业务流程。

如图 3.1-6 所示（图中技术员为车间一线维修工，技师领队为班组长或技术总监），一线维修工：①接收 / 检查修理单，接收用于修理的订购零件；②在允许的时间内进行工作；③向班组长、技术总监确认工作完成；④对技术难度高的工作，向班组长和技术总监请求提供指导和帮助。

3.1.5.2　维修流程

电动汽车执行维修的流程，除需要遵循传统汽车维修流程外，维修操作时，尤其要注意以下高压安全操作流程。

第一步：整车下电，等待至少 5min。

第二步：整车断电，同时将钥匙带离车辆。

第三步：戴好绝缘手套，穿好绝缘鞋等防护用具。

第四步：对高压系统进行检查并记录相关数据，在车辆上电时应该通知正在检查、维修高压系统的人员，在检修时做好高压系统的绝缘防护处理。

第五步：对高压系统进行检修后一定要将拆卸或更换过的零件进行检查，避免因检修后忘记恢复造成其他影响。

3.1.6　熟悉电动汽车维修特点

3.1.6.1　熟悉动力电池维修特点

动力电池是电动汽车的核心高压部件之一，在维修中，最大的特点在于必须严格依规执行高压电安全操作规范，做好高压触电防护。维修前后，必须遵循高压断电和上电的操作步骤。在检修高压系统前，必须进行整车高压系统的断电且按规范流程操作。

3.1.6.2　熟悉驱动电机维修特点

现在集成式驱动系统居多。一种为三合一系统，即驱动电动三合一集成，由电机控制器、驱动电机和变速器（减速器）集成；另一种为多合一系统，集成有电机控制器、驱动电机、变速器（减速器）、车载充电器、高压配电盒及动力域控制器。

驱动电机是电动汽车的核心高压部件之一，动力电池的高压维修特点同样适用于驱动电机。

3.2 走进维修车间 / 工位

3.2.1 电动汽车维修常用工具

3.2.1.1 绝缘工具

维修电动汽车时，在高压电作业范围内务必使用绝缘工具。使用前必须检查绝缘工具，保证其无破损、破洞和裂纹，内外表面清洁、干燥，不能带水进行操作，确保安全。操作时，在维修区域垫上绝缘级别为 1kV 的绝缘胶垫。维修人员对带电部件进行操作时，必须使用绝缘工具。

维修电动汽车工具包括绝缘工具套装（图 3.2-1）、兆欧表、放电工装、内阻测试仪、万用表、故障诊断仪等专业工具和设备。检修动力电池和电控元件时，必须使用带绝缘垫的专业工作台。

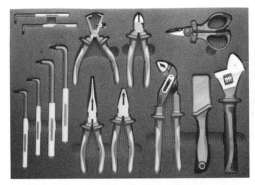
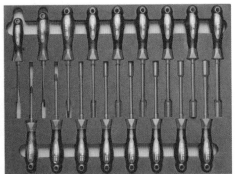
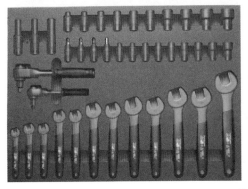
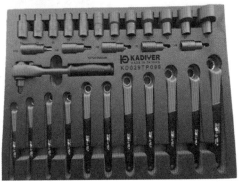

图 3.2-1　绝缘工具套装

3.2.1.2 兆欧表

（1）兆欧表结构

如图 3.2-2 所示是某款兆欧表。兆欧表是维修电动汽车时常用的重要仪表。

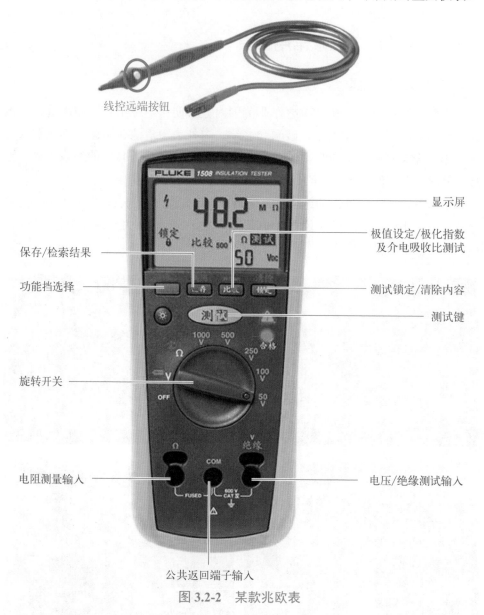

图 3.2-2　某款兆欧表

（2）兆欧表的使用

使用兆欧表时应注意以下事项。

❶ 黑表笔插入 COM 端子，红表笔插入绝缘测试插孔。

❷ 绝缘测试电压挡调至 500V（或 1000V），或者调到合适的电压挡位。

❸ 黑表笔触头接车身地，红表笔触头接高压线束端子的正极或负极。

❹ 一直按住绝缘表上的"测试"按钮或红表笔上的"TSET"按钮，5s 左右或者直至数值趋于稳定为止，此时的数显值即为绝缘值（图 3.2-3）。

❺ 将数字式兆欧表的探头留在测试点上面，释放"测试"按钮，被测电路即开始通过仪表放电，直到显示屏显示的电压为零，测试结束（图 3.2-4）。

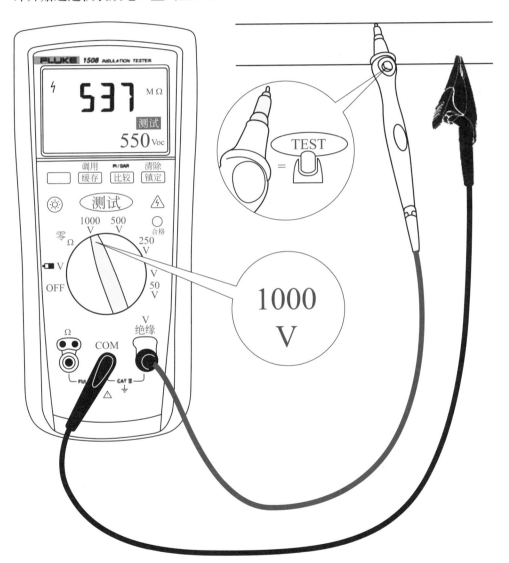

图 3.2-3　使用兆欧表测量绝缘电阻

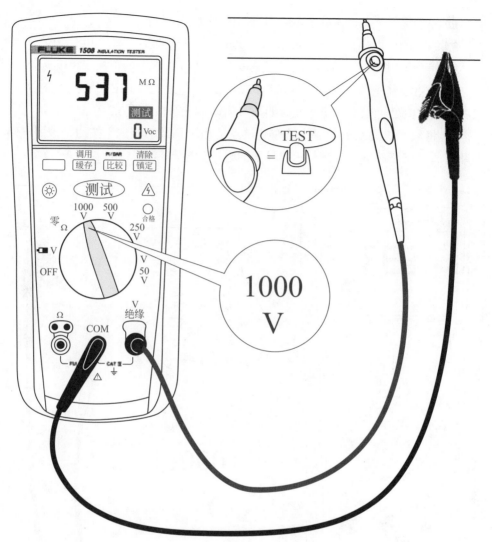

图 3.2-4　被测电路通过兆欧表放电

3.2.1.3　电池内阻测试仪

（1）单体电池内阻

❶ 电池组装时，需挑选电池内阻相近的电池单元组成一组。电池老化和失效后突出的表现就是内阻增大，因此通过测试内阻的大小就可以快速判断出电池的老化程度。

❷ 电池维护过程中，需要测试各单体电池的内阻，把内阻偏大的单体电池挑出来进行更换，以保持电池内阻的一致性。

小贴士

电池内阻是指电池在工作时，电流流过电池内部所受到的阻力。

电池的容量与电池内阻存在密切的关系，一般而言，电池的容量越大，内阻就越小，因此可以通过蓄电池内阻的测量，对电池的容量进行在线评估。

（2）电池内阻测试仪结构

如图 3.2-5 所示的是某款福禄克（FLUKE）电池内阻测试仪，其测试和结果分析比较简单智能。

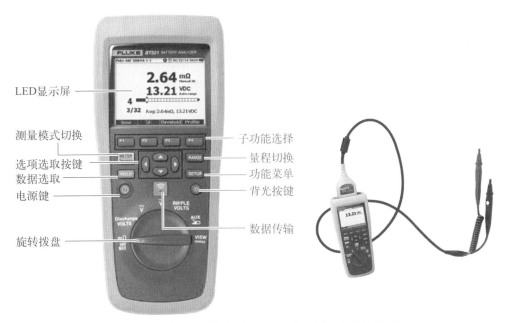

LED显示屏

测量模式切换
选项选取按键
数据选取
电源键

旋转拨盘

子功能选择
量程切换
功能菜单

背光按键

数据传输

图 3.2-5　某款福禄克（FLUKE）电池内阻测试仪

（3）电池内阻检测方法

对于电动汽车的动力电池，常采用交流测量的方法来测量内阻。利用电池等效于一个有源电阻的特点，给电池一个 1000Hz、50mA 的恒定电流，通过测量其交流压降而获得其内阻，所测量的值的精度可达毫欧级，可以通过专用的电池内阻测试仪来完成。电池内阻测试仪可以直接将数据导入计算机，如图 3.2-6 所示，通过数据报表可直观发现第 3 个电池内阻存在故障，第 8 个电池内阻存在潜在隐患。电动汽车用锂离子电池内阻非常小，一般为几毫欧。测试电池内部电阻和电压见图 3.2-7。

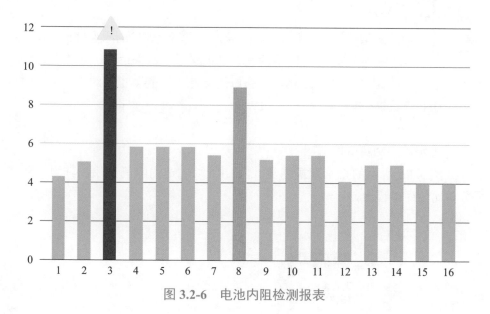

图 3.2-6　电池内阻检测报表

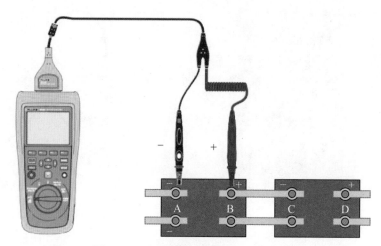

图 3.2-7　测试电池内部电阻和电压

3.2.2　高压通用维修操作注意事项

❶ 操作人员进行作业时原则上不允许带高压电操作，除非进行电池包绝缘电阻测试时需要带高压电测量。带高压电测量时须单手操作。

例如：测量所使用的仪器至少有一根表笔端配备绝缘鳄鱼夹，测量时先将鳄鱼夹夹到电路正负极的一极，然后用另一个表笔接到电路正负极另一极进行测量。测量时只能用一只手握住表笔，另一只手不得触碰车辆。

❷ 作业之前应对高压系统进行断电。首先整车退电至 OFF 挡，至少等待 5min，断开低压蓄电池负极，断开高压系统。

❸ 操作人员在作业中，对所拆除的高低压系统电线要妥善保管，使用专用的绝缘胶套进行绝缘包裹，不可裸露出电线端子，以防止触电或造成其他事故。

❹ 检修完高压系统后，需由监护人仔细检查电路是否符合要求，并检查车辆能否上电。

❺ 车辆发生异常事故起火时，操作人员应在确保自身安全的前提下切断高压回路。如果起火位置非电池包且火势较小，可以在确保已经切断高压回路的情况下使用干粉灭火器及黄沙灭火扑救；如果火势较大或者为电池包起火，则需在远离车辆的地方使用消防高压水枪进行灭火，明火扑灭后持续喷水半个小时，灭火后应持续监测电池包温度，防止出现二次起火。

❻ 维修时禁止对车辆进行充电；更换高压部件后，测量搭铁是否良好；所有拆卸过的螺栓均需按对应的标准力矩拧紧。

❼ 在整车上测量高压线束公端时，务必注意不要用表笔将导线和屏蔽层短路，建议使用专用测试工具。

❽ 动力电池拆卸后需使用绝缘物品（如木架）将电池包与大地隔开，对于冷却水口和高压接插件，用专用的橡胶套或塑料套封堵，拆卸后的电池包应放置在干燥阴凉且通风的地方。

❾ 对于需要拆卸外壳的高压零部件，应防止异物掉落进零部件内部。

❿ 更换高压回路器件时（如保险等），一定要按照车辆规格参数进行。

3.2.3　动力电池维修操作注意事项

动力电池属于高压危险产品，维修操作过程需注意以下事项。

❶ 动力电池高低压接口必须进行绝缘覆盖保护，避免异物落入造成触电。

❷ 拆卸过程中，注意高低压线束不得用力拉拔和过度弯曲，以防信号线受损坏。

❸ 安装过程中，螺钉必须按照设计转矩要求使用专业工具紧固。

❹ 在动力电池拆卸过程中，应注意零部件标识，以免遗漏或装错。

❺ 动力电池拆卸和安装过程中禁止出现暴力拆卸、跌落、碰撞、模组倾斜等

行为。

⑥ 禁止人为短路等非正常工作行为；禁止非工作人员拆卸。

⑦ 动力电池属于高压器件，操作不当易造成人员伤亡。所有拆装过程及注意事项应严格参照拆装规范。

⑧ 检查动力电池冷却系统管路是否存在漏液，冷却液液位是否达标，水泵工作是否正常。

3.2.4　电机维修操作注意事项

① 检查前驱动电机故障的连接接插件是否损坏、端子脱落、腐蚀、电线松动，以及密封件是否缺失或损坏。

② 更换完电机或电控系统之后，要检测总成气密性和水道气密性。

③ 在拆分过程中，注意保护好所有零部件，做好收纳工作，防止零部件丢失或被意外损坏。

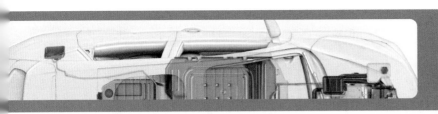

第4章

新能源汽车电路识图与分析

4.1 电动汽车电路识图

小贴士

电动汽车电路图的编制与传统汽车电路图一样，其识读和应用也完全一致。各车系电路图有不同的编制方式，可以根据需要按原厂电路图手册查询。电动汽车高压电路在电路图中通常用橙色表示。下面以埃安电动汽车电路图识读为例。

4.1.1 电路图结构组成

如图 4.1-1 所示，1 表示电路名称；2 表示电器盒名称；3 表示熔丝代码；4 表示电源说明；5 表示线束接插件代码；6 表示线束接插件名称；7 表示线束接插件针脚编号；8 表示双绞线，主要用于传感器的信号电路或数据通信电路；9 表示导线线径及颜色；10 表示导线连接点；11 表示线束接地点；12 表示对接件；13 表示车型配置代号。

4.1.2 电路图中线束

电动汽车电路图中的线束代码见表 4.1-1。

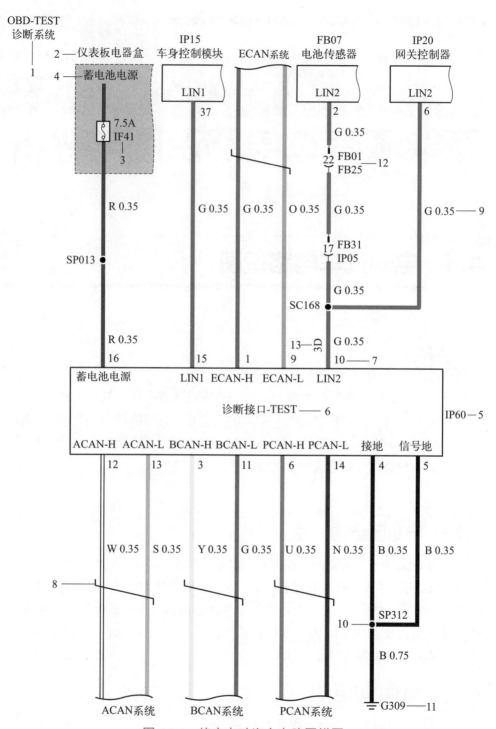

图 4.1-1　埃安电动汽车电路图样图

表 4.1-1 电动汽车电路中的线束代码

代码	线束名称	英文全称	代码	线束名称	英文全称
FB	前舱线束	front body wiring harness	CN	副仪表板线束	CNSL wiring harness
IP	仪表板线束	instrument panel wiring harness	BD	车身线束	body wiring harness
CA	底盘线束	chassis wiring harness	FL	左前门线束	front left door harness
FR	右前门线束	front right door harness	RL	左后门线束	rear left door harness
RR	右后门线束	rear right door harness	TG	后备厢线束	trunk lug harness
FP	前保险杠线束	front bump wiring harness	RB	后保险杠线束	rear bump wiring harness
CS	充电插座线束	charge socket wiring harness	AH	空调系统高压线束	AC HV wiring harness
BH	电池高压线束	battery HV wiring harness	HH	HVH 高压线束	HVH HV wiring harness
IH	电机控制器线束	IPU HV transition harness	AC	空调线束	AC transition harness
LS	左座椅线束	left seat wiring harness	RS	右座椅线束	right seat wiring harness

4.1.3 电路图中的线束接插件

电动汽车电路图中的线束接插件代码由线束代码和接插件编号组成。例如：仪表板线束中的接插件 IP01，其中 IP 为线束代码，01 为接插件编号。

4.1.4 电路图中导线颜色

电动汽车电路图中的导线颜色见表 4.1-2。

表 4.1-2　电动汽车电路图中的导线颜色

代码	颜色	电路图中图示	代码	颜色	电路图中图示
B	黑色		W	白色	
R	红色		G	绿色	
Y	黄色		U	蓝色	
K	粉色		P	紫色	
O	橙色		S	灰色	
N	棕色				

4.1.5　电路图中的元器件

电动汽车电路图中的元器件和电器盒见表 4.1-3。

表 4.1-3　电动汽车电路图中的元器件和电器盒

名称	电路图中图示	说明
电器盒		在电路图中，灰色填充的方框表示电器盒 ①EF 表示前舱电器盒内熔丝 ②ER 表示前舱电器盒内继电器 ③IF 表示仪表板电器盒内熔丝 ④IR 表示仪表板电器盒内继电器 ⑤列举中的埃安电动汽车配有 3 个电器盒，分别为正极电器盒、前舱电器盒、仪表板电器盒 ⑥正极电器盒、前舱电器盒位于前舱左部，仪表板电器盒位于仪表板左下部 ⑦正极电器盒盖上标有熔丝名称与规格，前舱电器盒盖上标有熔丝和继电器编号
局部元器件	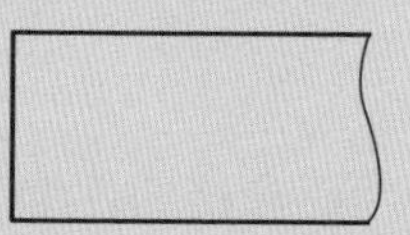	如果电气元件的全部针脚在该系统线路图中显示，则用完整的实线框标示，否则用部分实线框标示
完整元器件	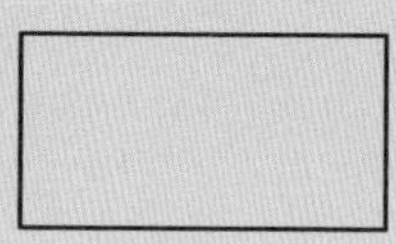	

4.1.6 电路图中的线路和节点

电动汽车电路图中的交叉线路节点、双绞线以及对接件见表4.1-4。

表4.1-4 电动汽车电路图中的交叉线路节点、双绞线以及对接件

名称	电路图中图示	说明
无交叉线路	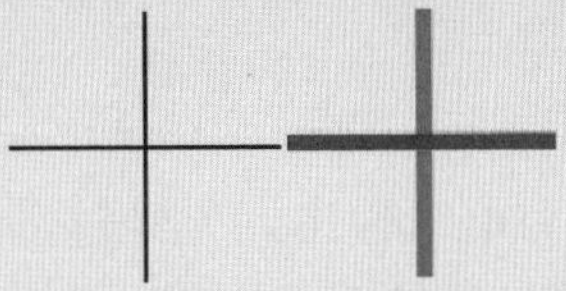	电路图中无交叉的线路节点
交叉线路	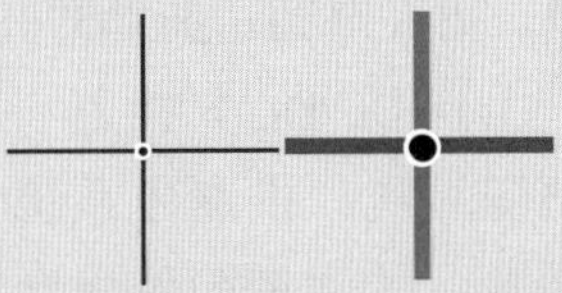	电路图中相互交叉的线路节点
双绞线（CAN）	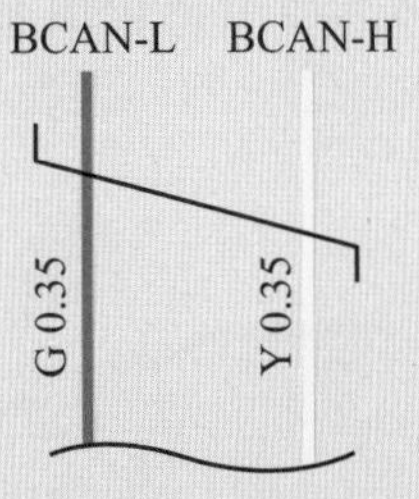 BCAN-L　BCAN-H　G 0.35　Y 0.35	主要用于传感器的信号电路与数据通信电路
对接件	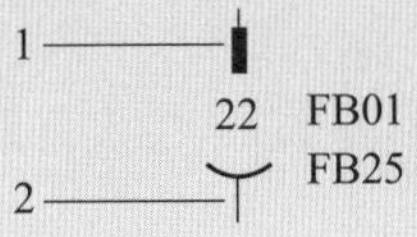 1　22　FB01　FB25　2	对接件主要用于线束与线束之间对接 1 表示前舱线束接插件 FB01 的 22 针脚与前舱线束接插件 FB25 的 22 针脚对接 2 表示接插件 FB01 是插头，接插件 FB25 是插座

4.1.7 电路基本维修特点

在更换熔丝、继电器、负载零件时，必须选择与被更换零件相同容量、负载的同型号零件，如不遵循以上条件，则可能导致零件或系统受损，以及火灾的发生。底盘电气系统的规格为12V，负极接地。维修所用电线线径的选择由负载容量和所需电线长度决定，必须适合相应的电路要求，且与原电线颜色一致。安装线束需用绝缘胶布或波纹管加以保护。

4.2 动力电池及其控制电路识图与分析

4.2.1 高压电路

4.2.1.1 高压电路路径

电动汽车高压电路路径：高压电从动力电池输出，先经过动力电池高压分配盒，随后分成两路，其中一路走向是驱动电机控制器，驱动电机控制器把高压直流电转换成高压交流电，为驱动电机供电。另一路到达前部的高压分配盒，从该高压分配盒再次把高压电分为以下4路：①到DC/DC转换器，高压直流电转换为低压直流电给蓄电池充电；②到空调压缩机，供制冷系统使用；③到动力电池加热装置，在冬天时供动力电池加热；④到车厢仪表台内部，供暖风加热器使用。同时，快速充电口通过PDU给高压电池快速充电。高压系统见图4.2-1。

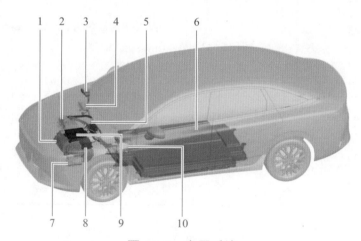

图 4.2-1　高压系统

1—驱动电机；2—驱动电机控制器；3—交流充电口；4—整车控制器；5—高压配电盒；
6—动力电池；7—空调压缩机；8—PTC加热器；9—充电机/直流转换器；10—直流充电口

4.2.1.2 动力电池电路路径

高压电源电路如图4.2-2所示，动力电池内部有主负继电器、预充继电器和

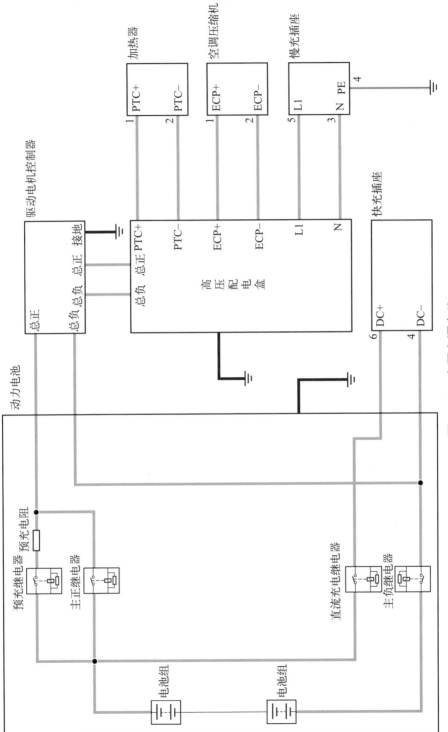

图 4.2-2 高压电源电路

主正继电器。动力电池要想把电输出，首先是主负继电器闭合，负极电路接通；而正极电路中，主正继电器不能直接闭合，因为该电路中有超低电容，直接闭合容易短路，所以第二步是闭合预充继电器，使母线高压电缓慢上升，当电压上升到动力电池电压时，主正继电器闭合，预充继电器开启，动力电池母线输出高压电。

扫一扫

4.2.2 低压电路

4.2.2.1 低压电源

视频精讲

电动汽车低压电源供给是将动力电池的电能通过 DC/DC 转换器变换为 12V 低压电源，为 12V 蓄电池和灯光、车窗、喇叭仪表等车身电器供电。电动汽车电源示意见图 4.2-3。

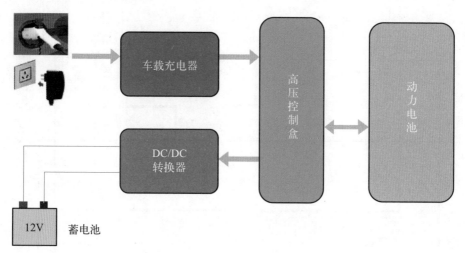

图 4.2-3　电动汽车电源示意

4.2.2.2 低压电源电路

纯电动汽车利用 DC/DC 转换器为低压蓄电池充电，这样就省去了交流发电机。DC/DC 转换器电路见图 4.2-4。

如图 4.2-5 和图 4.2-6 所示为埃安电源系统和低压供电电路。电源系统主要由集成电源系统、蓄电池、电池传感器等组成，电源系统将整车高压电转换为整车低压装置所需要的低压电，并在蓄电池电压低时给其充电。

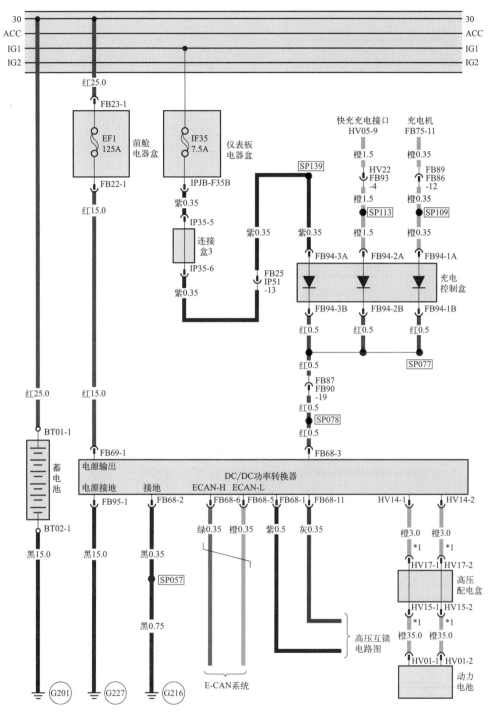

图 4.2-4　DC/DC 转换器电路

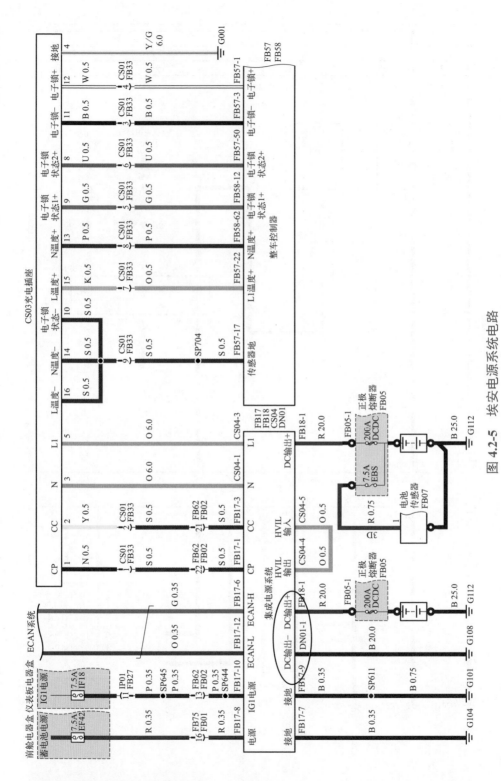

图 4.2-5 埃安电源系统电路

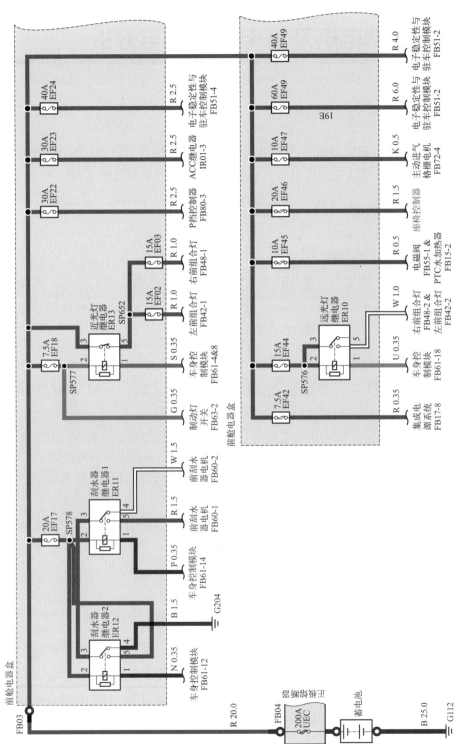

图 4.2-6　埃安低压供电电路

4.3 驱动电机及其电路识图与分析

4.3.1 高压电路

电机控制器与驱动电机三相交流线以固定螺母连接。高压直流电通过电机控制器转换成三相交流电，提供给驱动电机。电机系统电路见图 4.3-1。

4.3.2 低压电路

4.3.2.1 电机控制器功能

电机控制器是将动力电池提供的直流电转换成交流电以驱动电机。减速期间由驱动电机产生的交流电转换成直流电，对动力电池充电。电机控制器通过控制直流频率将直流电转换为交流电。

4.3.2.2 电机控制器内部电路

电机控制器及控制电路为低压电路，电机控制器集成了一个三相桥式电路，该电路使用功率晶体管在直流电和交流电之间进行转换。

如图 4.3-2 所示，电机控制器集成了电容器和放电电阻。当连接动力电池接触器时，电容器可防止浪涌电流暂时流动，并消除功率晶体管的开关噪声。当主电源关闭（正常关闭）时，高压电路中的剩余电能将通过负载电阻放电，来确保高压电路的安全性。

电机控制器具有内置的驱动电机控制模块，驱动电机控制模块控制和监视电驱动系统。如图 4.3-3 所示，IGBT 功率模块由一个三相桥式电路组成，在 IGBT 中使用 6 个功率晶体管和 6 个二极管。

！ 小贴士

IGBT 是能源变换与传输的核心器件，俗称电力电子装置的"CPU"。IGBT 功率模块是由 IGBT（绝缘栅双极型晶体管芯片）与 FWD（续流二极管芯片）通过特定的电路桥接封装而成的模块化半导体产品，封装后的 IGBT 模块直接应用于电机控制器。

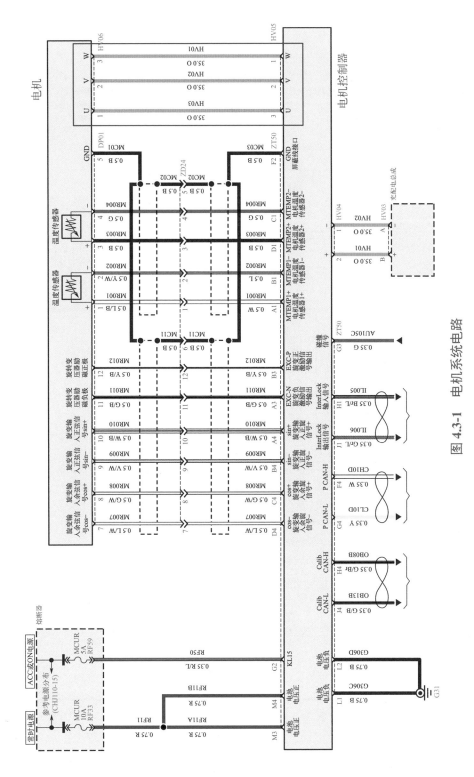

图 4.3-1 电机系统电路

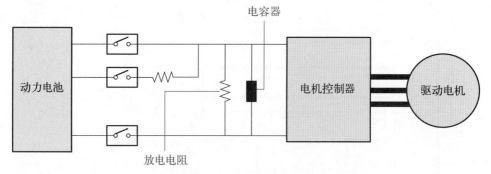

图 4.3-2　电机控制器

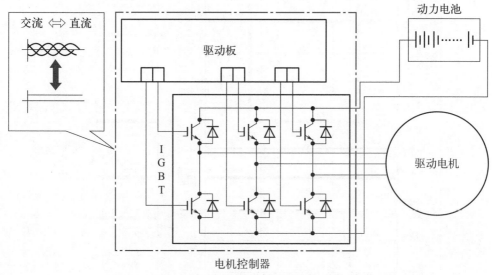

图 4.3-3　电机控制器内部核心电路

如图 4.3-4 所示为电机驱动时电机控制器电路。

❶ 当驱动电机控制模块向栅极驱动器输出驱动信号时，驱动电压从栅极驱动器输入功率晶体管以将其导通。

❷ 当功率晶体管导通时，来自动力电池的电流从上游流向下游。

❸ 通过间歇性地打开 / 关闭功率晶体管以控制电流频率，在定子线圈中会产生交流电。

❹ 通过更改 6 个功率晶体管的组合，将交流电传送到驱动电机各相的定子线圈。

❺ 通过执行功率晶体管的占空比控制，在定子线圈中产生接近正弦波的交流电。

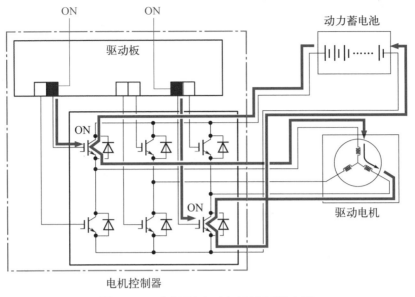

图 4.3-4　电机驱动时电机控制器电路

4.3.2.3　驱动电机系统电路图

❶ 驱动电机系统线束连接器见表 4.3-1。

表 4.3-1　驱动电机系统线束连接器

接插器	图示	端子号	连接走向（端子定义）
驱动电机控制器线束连接器		2	CAN-H
		3	电机温度信号 1+
		4	电机温度信号 2+
		5	电机旋变信号 sin+
		6	电机旋变信号 cos+
		7	电机励磁信号 +
		11	供电
		12	供电
		14	CAN-L
		15	电机温度信号 1-

接插器	图示	端子号	连接走向（端子定义）
驱动电机控制器线束连接器	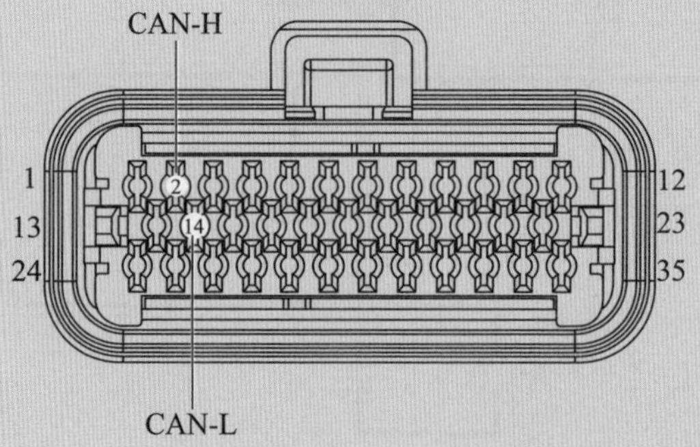	16	电机温度信号 2-
		17	电机旋变信号 sin-
		18	电机旋变信号 cos-
		19	电机励磁信号 -
		22	接地
		23	接地
		31	高压互锁输出信号
		32	高压互锁输入信号
驱动电机插接器	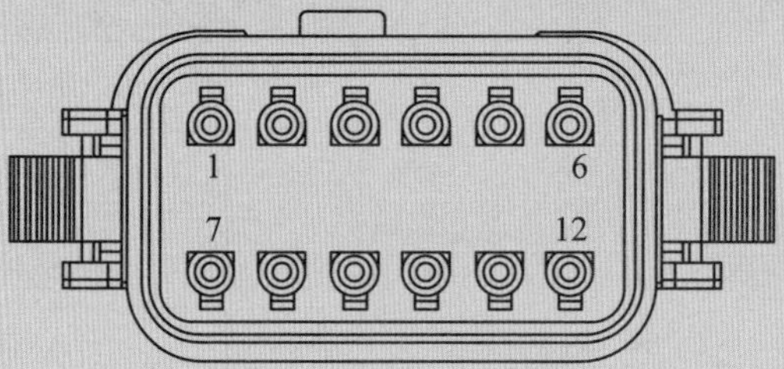	1	电机励磁信号 +
		2	电机励磁信号 -
		3	电机旋变信号 sin+
		4	电机旋变信号 sin-
		5	电机旋变信号 cos+
		6	电机旋变信号 cos-
		7	电机温度信号 1+
		8	电机温度信号 1+
		9	电机温度信号 2-
		10	电机温度信号 2-
		11	电机旋变信号 sin 屏蔽线
		12	电机旋变信号 cos 屏蔽线

❷ 驱动电机控制系统电路见图 4.3-5。

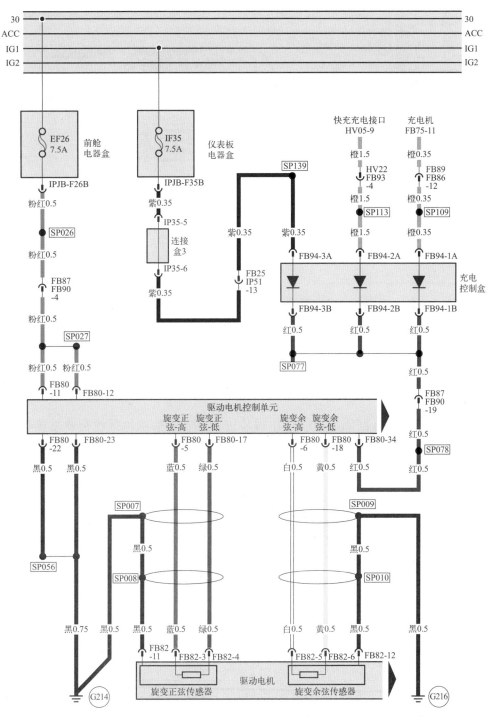

图 4.3-5　驱动电机控制系统电路

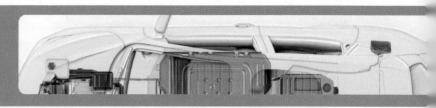

第 5 章

动力电池和驱动电机维护与保养

5.1 动力电池维护与保养

5.1.1 动力电池的保养周期

电动汽车应在间隔的时间或里程段进行维护。根据目视检查或系统操作(性能)功能测量的结果,按需修正、清洗或更换。保养项目是根据车辆正常行驶情况下制定的,对于经常在恶劣条件下使用的车辆,应增加保养频率。动力电池保养项目及周期见表 5.1-1。

表 5.1-1　动力电池保养项目及周期

检查项目	每 5000km 或半年	每 10000km 或一年	每 40000km 或两年
电池包外观	检查	检查	检查
动力电池托盘、护板	检查或紧固	检查或紧固	
异味检查	检查	检查	检查
高压接插器及线束	—	检查	检查
低压接插器及线束	—	检查	检查
螺栓转矩	紧固	紧固	紧固

续表

检查项目	每 5000km 或半年	每 10000km 或一年	每 40000km 或两年
平衡阀 / 透气阀	—	—	检查
维修开关	—	—	检查

5.1.2 动力电池的常规检查

检查冷却液储液罐侧面的液位标记，MAX 表示上限标记，MIN 表示下限标记。冷却液液位应在 MIN 与 MAX 之间，如低于 MIN，应及时添加与原来一致的冷却液。动力电池冷却液液位见图 5.1-1。

图 5.1-1 动力电池冷却液液位

5.1.3 动力电池的使用维护

5.1.3.1 动力电池定期维护

❶ 为了使动力电池处于最佳状态，需要每半年左右对车辆进行一次满充满放，达到电池自我校正的目的。

❷ 检查动力电池高压接插件、低压接插件外观，以及安装是否可靠，检查接插件表面是否有损坏，以及安装是否到位。

❸ 检查与动力电池箱体相连接的高压线束连接是否可靠，用专用工具检测

电芯的工作状态。检查动力电池手动维修开关是否正常。目测手动维修开关外形是否烧焦变形、是否有裂痕。如果有，则更换手动维修开关。

❹ 检查充电口开关是否正常。

❺ 检查动力电池箱是否变形、是否有异味。

❻ 检查动力电池负荷状态。检查动力电池电量。使用专用诊断仪，依照其屏幕上的显示操作，进入动力电池电量测试选项，读取动力电池 SOC 信息。

❼ 检查动力电池箱散热系统是否正常，以及后备厢通风是否正常。检查动力电池箱散热系统通风口，见图 5.1-2。

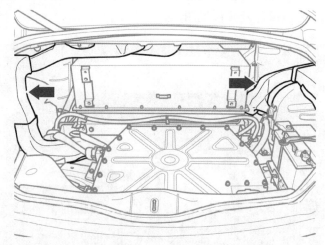

图 5.1-2 动力电池箱散热系统通风口

5.1.3.2 动力电池使用注意事项

❶ 车辆不要停放在高温热源或火源附近；不要停放在潮湿、积水的位置，避免电池包长时间浸泡在水中，以免发生火灾。

❷ 车辆应尽量停放在干燥、阴凉、通风的位置，尽量避免在阳光下长时间暴晒。

❸ 动力电池在不使用时也会出现缓慢的自放电，导致电量降低（平均 1%/周），电量降至 0 将对电池造成损伤，因此若长时间静置不用，应按照预估静置时间对停放电量进行评估。即便停放不会导致电量达到 0，仍不建议长时间停放。长时间静置会导致续驶里程下降，如果必须长时间静置，则每月应按照下述方法进行维护：

　　a. 采取适当方式（车辆行驶或高压器件耗电）对车辆进行放电，至仪表提示"动力电池电量低，请充电"；

　　b. 采用家用或交流充电桩将动力电池电量充满。

　　❹ 虽然动力电池总成内部配有热管理系统，但仍建议尽量避免在极端高温和低温环境中激烈驾驶。

　　❺ 动力电池应存储在干燥和通风环境下，动力电池（车辆）可存储温度范围是 -40 ～ 60℃。为保证电池性能，不建议整车在低于 -30℃ 或高于 60℃ 的环境中暴露超过 24h。存放时间超过 1 周，建议温度在 5 ～ 30℃ 范围。避免将动力电池长时间置于炽热或潮湿环境中（如在烤漆时），在 70℃ 温度下不要超过 30min 或在 80℃ 温度下不要超过 20min。建议在烤漆时，拆卸动力电池总成。

　　❻ 两次充放电时间间隔超过 2 个月，需再次充电时应采用家用或交流充电桩充电。

　　❼ 尽量避免整车在超过底盘高度的水中行驶，否则可能造成动力电池总成的永久性损坏。如车辆涉水，应尽快转移至干燥区域停放。

　　❽ 超过 6 个月未对电池进行维护，可能会对电池造成损坏。

　　❾ 为了保护电池性能，不宜将电量放得过低，否则可能对电池性能造成永久性损坏。

　　❿ 动力电池容量明显衰减（车辆续驶里程明显减少）或动力电池出现严重故障（车辆无法正常行驶，仪表提示动力系统故障）时，需要及时对动力电池进行检测和维护，必要时更换动力电池总成。

5.2 驱动电机系统维护与保养

5.2.1 驱动电机系统的保养周期

　　❶ 驱动电机冷却液的更换：每 4 年或 100000km 更换长效冷却液（例如有机酸型），以先到者为准。

　　❷ 检查电机连接处是否有异物或者被腐蚀：视情况，每半年或 5000km，或在稍微比该时间段长的间隔时间里检查，如有异常损坏应及时清理和检修。

　　电机系统保养项目及周期见表 5.2-1。

表 5.2-1　电机系统保养项目及周期

系统	检查项目	每 5000km 或半年	每 10000km 或一年	每 40000km 或两年
驱动电机	前、后电机外观	检查	检查	检查
	接插器及线束	—	检查	检查
	温控管路	检查	检查	检查
	支撑胶及螺栓转矩	—	紧固	紧固
电机控制器	外观	检查	检查	检查
	高压接插器及线束	检查	检查	检查
	低压接插器及线束	检查	检查	检查
	温控管路	—	检查	检查
	低压输出正端子	检查	检查	检查
	接地端子	检查	检查	检查
	螺栓转矩	—	检查	检查

5.2.2　驱动电机系统的常规检查

❶ 液位在冷却液副水箱最大值（MAX）和最小值（MIN）标记线之间，则符合要求（图 5.2-1 和图 5.2-2）。

❷ 如果低于下限刻度线，则应添加冷却液，使液位上升到上限（MAX）刻度线。检查冷却系统有无泄漏现象。

❸ 应始终使用与原厂相同规格的冷却液，无须添加任何混合剂。不同品牌和型号的冷却液不能混合使用。

 小贴士

　① 在电机未完全冷却时打开壶盖，可能会导致冷却液喷出，造成严重烫伤。在打开壶盖之前，必须确认电机、高压电控集成模块、壶以及散热器均已冷却。

　② 切勿向冷却系统内添加任何防锈剂或其他添加物，因为添加物可能与冷却液或电机组件不相容。

图 5.2-1　电机冷却液液位（一）

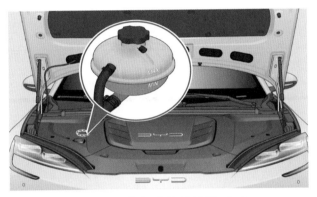

图 5.2-2　电机冷却液液位（二）

5.2.3　驱动电机系统的维护

驱动电机系统维修需要解决以下问题。

❶ 驱动电机总成悬架支架与电机、与车架是否松动或者变形。

❷ 差速器两端与传动轴连接是否松动。

❸ 检查减速器油面和油质。

❹ 检查驱动电机总成进出油液口是否渗漏。检查进出口油管是否松脱，卡紧油管，必要时加注润滑油。

❺ 检查差速器端是否渗油。若驱动电机总成减速器端油封破损，应更换油封。

❻ 检查线束与驱动电机接插件端口是否松脱，纠正或插紧接插件；检查连接驱动电机的线束是否有破损，若有则更换线束。

❼ 检查电驱冷却系统管路是否存在漏液，冷却液液位是否到达标准，水泵工作是否正常。

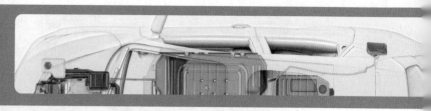

第6章

动力电池和驱动电机维修操作

6.1 动力电池维修操作

6.1.1 零部件的更换

6.1.1.1 拆装手动维修开关

（1）拆卸程序

❶ 佩戴绝缘手套，准备拆卸手动维修开关。

❷ 关闭所有用电器，车辆下电。

❸ 断开蓄电池负极极夹。

❹ 拆卸后排座椅坐垫总成。

❺ 拆卸手动维修开关（图6.1-1）。

a. 往上脱开手动维修开关1的红色解锁键。

b. 沿箭头方向翻转手动维修开关拆卸手柄，拆下手动维修开关。

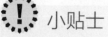 **小贴士**

拆卸手动维修开关后，注意防护，不要触摸手动维修开关座裸露的高压部件，并用合适的绝缘工具遮挡手动维修开关座，防止异物或水进入。

（2）安装程序

安装程序以倒序进行。

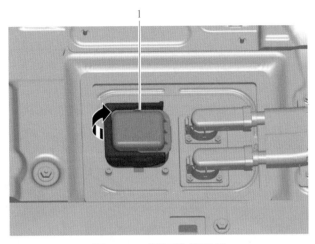

图 6.1-1　拆卸维修开关

6.1.1.2　拆卸动力电池至充配电总成高压线束

维修提示

　　在对高压电部件进行维修和拆装前，必须执行高压电断电程序，确认已断开 12V 电源，并且断电后车辆静置 15min 以上。

❶ 拆卸动力电池至充配电总成高压线束固定螺栓，脱开电池至充配电总成高压线束。

❷ 断开动力电池至充配电总成高压线束连接器。

❸ 拆卸动力电池至充配电总成高压线束固定螺栓。

❹ 拆卸密封橡胶，取下动力电池至充配电总成高压线束。

6.1.1.3　拆装电池调节控制单元

（1）拆卸大众 ID.4 蓄电池调节控制单元

❶ 打开高压蓄电池外盖，断开高压蓄电池内部的高压电路。

❷ 脱开蓄电池调节控制单元上的线束固定卡。

❸ 脱开蓄电池调节控制单元上的电气连接插头，并将线束置于一侧（图 6.1-2）。

❹ 拆卸蓄电池调节控制单元上的固定螺栓，并取下蓄电池调节控制单元（图6.1-3）。

（2）安装大众ID.4蓄电池调节控制单元要点

安装时，按与拆卸相反的步骤安装新的蓄电池调节控制单元，并要按照要求的力矩锁紧动力电池盖板上的固定螺栓。安装电池外盖时需要用专用密封胶进行密封处理，并使用密封性测试仪对动力电池进行冷却液体密封性和气体密封性测试。

图6.1-2　蓄电池调节控制单元位置及电气连接插头

图6.1-3　蓄电池调节控制单元

6.1.1.4　拆装高压配电盒

下述是拆装大众ID.4蓄电池高压配电盒的要点。大众ID.4蓄电池高压配电盒见图6.1-4，大众ID.4蓄电池高压配电盒负极见图6.1-5，蓄电池高压配电盒位置见图6.1-6。

❶ 打开高压蓄电池外盖，断开高压蓄电池内部的高压电路。

❷ 拆卸正极高压配电箱和负极高压配电箱的塑料外罩，然后拆卸正极高压配电箱上的铜排连接线螺栓，拆卸负极高压配电箱上的铜排连接线螺栓。

❸ 拆卸连接支架外部的固定螺栓；注意评估线束长度，并将连接支架向外

拉出至合适位置；断开连接支架位置的电气连接插头，取出连接支架。

❹ 脱开高压配电箱负极上的线束固定卡扣，拆卸高压配电箱负极上的电气插头后，拧下高压配电箱负极上的固定螺栓。

❺ 取下高压配电箱负极。由于高压配电箱负极底座上粘有散热胶，需要使用塑料撬棒插入高压配电箱负极的底座，适当用力撬松后即可取下高压配电箱负极。

❻ 安装时，按照与拆卸的相反顺序执行。

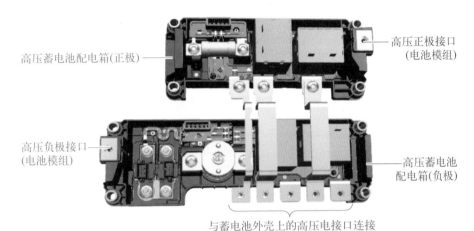

高压蓄电池配电箱(正极)

高压正极接口(电池模组)

高压负极接口(电池模组)

高压蓄电池配电箱(负极)

与蓄电池外壳上的高压接口连接

图 6.1-4　大众 ID.4 蓄电池高压配电盒

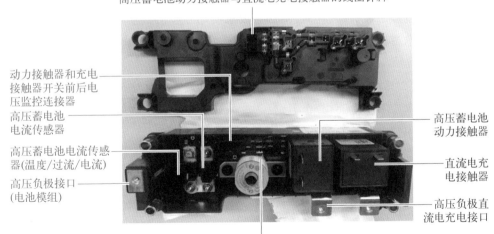

高压蓄电池动力接触器与直流电充电接触器的线圈针脚

动力接触器和充电接触器开关前后电压监控连接器

高压蓄电池电流传感器

高压蓄电池电流传感器(温度/过流/电流)

高压负极接口(电池模组)

高压蓄电池动力接触器

直流电充电接触器

高压负极直流电充电接口

高压蓄电池断电保护熔丝

图 6.1-5　大众 ID.4 蓄电池高压配电盒负极

蓄电池高压配电盒

图 6.1-6　蓄电池高压配电盒位置

6.1.2　总成拆装与分解

6.1.2.1　动力电池拆装注意事项

❶ 动力电池高低压接插口必须进行绝缘覆盖保护，避免异物落入造成触电。

❷ 拆卸过程中，注意高低压线束不得用力拉拔，过度弯曲，以防信号线受损坏。

❸ 安装过程中，必须按照设计转矩要求使用专业工具紧固螺钉。

❹ 动力电池拆卸过程中注意零部件标识，以免遗漏或装错。

❺ 安装完成后必须对紧固件打扭力标。

❻ 动力电池拆卸和安装过程中禁止暴力拆卸、跌落、碰撞、模组倾斜。

❼ 禁止人为短路等非正常工作行为；禁止非专业技术人员拆卸。

❽ 动力电池属于高压器件，操作不当可能会造成人员伤害。所有拆装过程及注意事项均须严格执行拆装规范。

6.1.2.2　拆装动力电池

（1）拆卸事项

❶ 打开前机舱盖。

❷ 断开蓄电池负极电缆。

❸ 拆卸维修开关。

❹ 支撑动力电池总成。

a. 将车辆用举升机升起。

维修提示

注意，举升时确保举升机的支撑点，不要支撑在动力电池上。

b. 置入专用平台车，使用平台车支撑动力电池总成（图 6.1-7）。

❺ 拆卸动力电池总成。

a. 断开动力电池进出水管与动力电池的连接。

b. 断开动力电池出水管与热交换器的连接。

c. 断开动力电池进水管与水泵的连接。

d. 断开动力电池进水管与电池膨胀壶加水软管的连接。

e. 取下动力电池进出水管。

f. 断开动力电池的高压线束连接器。

g. 拆卸动力电池搭铁线固定螺母，断开动力电池搭铁线。

h. 拆卸动力电池总成后部固定螺栓。

i. 拆卸动力电池总成前部固定螺栓。

j. 拆卸动力电池总成左右两侧固定螺栓。

k. 缓慢下降平台车，取出动力电池总成。动力电池下降过程中平台车缓慢向前移动，可以避免动力电池与后悬架的干涉。

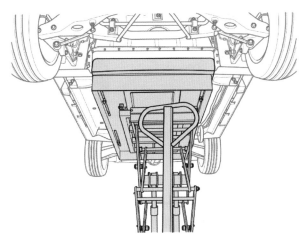

图 6.1-7　使用平台车支撑动力电池总成

（2）安装事项

按照拆卸倒序安装动力电池。

安装时，缓慢举升平台车，调整平台车位置，使动力电池总成上的安装孔与车身对齐。动力电池上升过程中将举升平台缓慢向后移动，可以避免动力电池与车身的干涉。

6.1.3　温度传感器的检测

6.1.3.1　动力电池冷却系统温度传感器

当车辆 BMS 系统报警进、出水口温度数据异常时，需检查 BMS 系统及线束连接是否正常。如果异常，则检修或更换线束；否则，可判断水温传感器故障，需更换水温传感器。

例如，比亚迪宋 MAX DM，动力电池进水口装有冷却液温度传感器（图 6.1-8）。

（1）测量阻值

如图 6.1-9 所示，测量温度传感器比较简单，用万用表探针分别探测温度传感器的两个针脚，来测量其阻值，正常温度传感器的阻值标准如表 6.1-1 所示，根据测量结果来判断温度传感器是否异常。

图 6.1-8　动力电池冷却液温度传感器

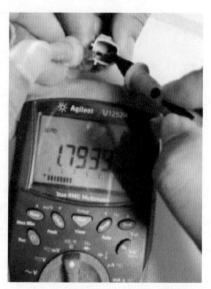

图 6.1-9　测量温度传感器

表 6.1-1　正常温度传感器的阻值标准

温度 /℃	电阻参考值 /kΩ		
	最小值	中间值	最大值
−10.0±0.5	7.0	9.2	11.4
20.0±0.5	2.37	2.5	2.63
50.0±0.5	0.68	0.84	1
90.0±0.1	0.236	0.247	0.26
110.0±0.1	0.143	0.148	0.153
150.0±0.1	0.050	0.057	0.065

（2）更换温度传感器

温度传感器是采用螺纹方式固定的。使用合适的开口扳手卡着温度传感器金属圈的位置逆时针旋转进行拆卸。安装时注意规定转矩（图 6.1-10）。

图 6.1-10　安装温度传感器

6.1.3.2　模组温度采集数据异常

当车辆 BMS 系统报警温度采集数据异常时，应检查报警提示对应编号的动力电池的模组。

拆开壳体上盖，观察模组的端板、侧板等结构有无损坏；轻触故障模组的铝排、铜排连接处，观察连接是否松动。如果损坏，则更换模组。

如果模组铝排、铜排连接无松动，需拆下问题模组单体，打开模组上盖，按照下述故障可能性逐一检查。

❶ 检查温度端子外观，并测试铝排与温度端子间接触电阻，确认温度端子是否脱焊。如果铝排与温度端子脱焊，则需要更换模组。

② 检查铝排外观，确认铝排是否断裂。如果断裂，则需要更换模组。

③ 检查铝排与电芯焊接处外观，并测试铝排与电芯极耳间接触电阻，确认铝排与电芯是否脱焊。如果脱焊，则更换模组。

④ 还有就是 BIC 问题。更换 BIC，重新测试电压。

6.2 驱动电机系统维修操作

6.2.1 零部件的更换

6.2.1.1 拆装旋变传感器

① 将车辆放在自动举升机上并进行准备，以使其可以举起。

② 确认组合仪表上的"OK"指示灯未点亮。如果 READY 指示灯点亮，应关闭主电源。

③ 断开蓄电池负极，断电后静置 10min。

④ 拆卸电驱装饰罩盖；拆卸前下护板。

⑤ 断开高压电线束总成（动力电池 - 电驱）动力蓄电池侧的接插件。

⑥ 戴上绝缘手套，并按照以下步骤测量高压线束连接（电机控制器接线盒侧）上的电压。

a. 拆下接线盒盖。

b. 测量高压线束连接处的电压。

注意，使用测量范围为 450V DC 或更高的测试仪。确认测试仪指示 0V，然后往下进行。

⑦ 拆卸车辆右前防护板。

⑧ 使用举升平台车支撑住电驱动系统总成。

⑨ 拆卸电机接线盒盖的固定螺栓，取下电机接线盒盖（图 6.2-1）。

⑩ 拆卸旋变转子的固定螺栓，取下旋变转子压板，取下旋变转子平键，取下旋变转子（图 6.2-2）。

⑪ 断开旋变定子接插件的连接，拆卸旋变定子的固定螺钉，取下旋变定子（图 6.2-3）。

⑫ 按与拆卸相反的顺序进行安装。

⑬ 如果拆装维修更换了电机控制器，则需要更新应用程序。

⑭ 如果拆装只涉及旋变转子，可不进行旋变自学习；如果拆装涉及旋变定子，必须进行旋变自学习。

维修提示

未进行旋变自学习（自适应），车辆可能会有动力不足、抖动的情况。

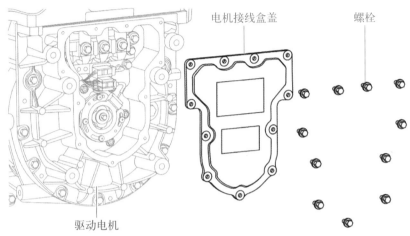

电机接线盒盖　　　　　螺栓

驱动电机

图 6.2-1　旋变传感器拆装（一）

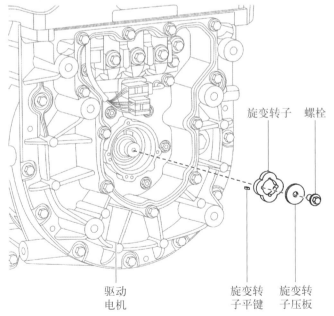

旋变转子　螺栓

驱动
电机

旋变转　旋变转
子平键　子压板

图 6.2-2　旋变传感器拆装（二）

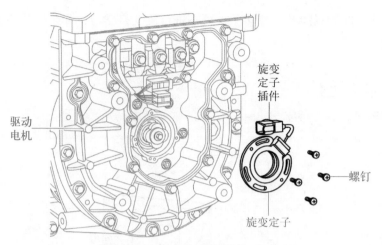

驱动
电机

旋变
定子
插件

螺钉

旋变定子

图 6.2-3　旋变传感器拆装（三）

6.2.1.2　旋变传感器自学习

更换旋变传感器后，需进行旋变传感器自学习。连接故障诊断仪可进行道路动态旋变传感器自学习（自适应），根据故障诊断仪提示进行逐步操作即可完成。某款电动汽车使用诊断仪进行的旋变传感器自学习操作如下。

（1）连接故障诊断仪

车辆电源开关切换至 ON 挡，连接故障诊断仪。

（2）选择场地

选择比较空旷的路试场地，且有长、直道路路段。

（3）自学习模式准备

❶ 电源开关切换至 ON 挡，用诊断仪或擦除旋变位置上位机进入电机控制器。如果用诊断仪，则点击"特殊功能"按钮，然后点击"电机旋变自学习（具有预估功能）"按钮，并点击"确定"，清除历史旋变位置。如果使用擦除旋变位置上位机进入电机控制器，则点击"擦除旋变位置"按钮，当显示栏中出现"擦除成功"后，表示历史旋变位置擦除成功。如果擦除失败，则检查线路是否正确连接，同时确保诊断仪没有连接在 OBD 上，以免对通信造成干扰。重复本步骤直到擦除成功。

❷ 电源开关切换 OFF 挡，等待半分钟后重新打到 ON 挡。

❸ 用诊断仪进入电机控制器，选择读取数据流按钮，选择"允许的最小扭矩""允许的最大扭矩""电机转子偏移角""允许的最小扭矩"。记录电机转子偏移角的值，并进入"旋变学习"。

（4）旋变自学习

❶ 进入可行驶模式，挂 D 挡，轻踩油门踏板，使车速达到 40km/h 左右，

挂 N 挡，松开油门踏板，使车辆自由滑行降速至 20km/h，即可准备靠边停车。

 维修提示

在滑行过程中如果遇紧急情况踩了刹车踏板，则需要重复"旋变学习"。

❷ 在安全地点就近停车，电源开关切换到 OFF 挡，等待半分钟后进入自学习进行结果确认。

（5）确认自学习结果

电源开关切换到 ON 挡，用诊断仪进入电机控制器，读取"允许的最小扭矩""允许的最大扭矩""电机转子偏移角"，确认允许的最大扭矩和允许的最小扭矩后，电机转子偏移角的值正常，自学习工作完成。

6.2.2　总成拆装与分解

6.2.2.1　驱动总成拆解

在拆装驱动总成过程中，注意保护好所有零部件，做好收纳工作，防止零部件被意外损坏。做好驱动总成的支撑与防护，防止拆卸悬置后驱动总成跌落。总成装配或拆卸时需注意避免油冷器磕碰产生变形。发现油冷器进出水管有严重变形时（进出水管与本体连接处凸翘），需更换全新无瑕疵的油冷器。如图 6.2-4 所示是 2022 年款比亚迪海豹驱动总成。

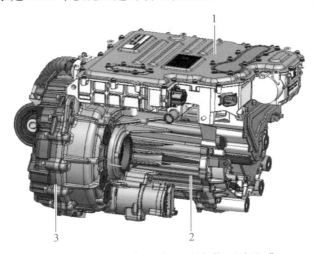

图 6.2-4　2022 年款比亚迪海豹驱动总成

1—驱动电机控制器总成；2—驱动电机总成；3—变速器总成

（1）拆卸驱动总成与电池包的线束

如图 6.2-5 所示，用专用工具拆卸电驱总成与动力电池的连接器，只需拆卸直流母线连接器。

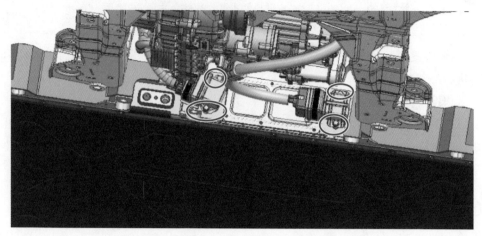

图 6.2-5　拆卸驱动总成与动力电池的线束

（2）拆卸电驱总成的冷却水管

电驱总成的冷却水管的拆除也是比较简单的。如图 6.2-6 所示，松开电控进水管卡箍，拆下冷却水管的固定卡扣，即可拆掉进水管。

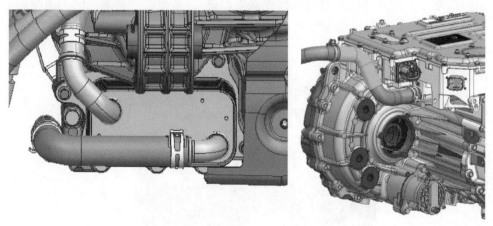

图 6.2-6　拆卸电驱总成的冷却水管

（3）拆卸电驱总成搭铁线束

将电驱总成上的两根搭铁线（电机和电机控制器上各一根），从车身的固定螺栓上拆下（图 6.2-7）。

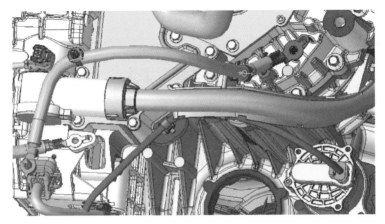

图 6.2-7 电驱总成上的两根搭铁线

（4）拆卸电驱总成低压线束

如图 6.2-8 所示，将低压线束接插件与电机控制器分离。

（5）拆卸电动压缩机线束

如图 6.2-9 所示，将高压电动压缩机线束接插件与电驱总成分离。

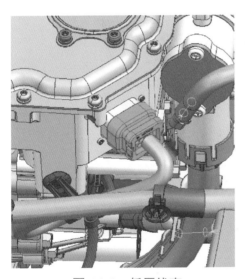

图 6.2-8 低压线束

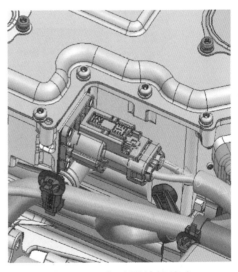

图 6.2-9 电动压缩机线束

（6）拆卸传动轴及机座

❶ 拆卸传动轴：之所以拆卸传动轴，是因为受限于整车前舱空间问题，在整车前舱内较难将传动轴从差速器花键结合处分开，可优先拆除传动轴外端与轮毂的花键连接，将传动轴随着驱动总成一起拆下来（图 6.2-10）。

❷ 拆卸机座：可直接将机座（驱动总成的固定支座）在副车架上的 3 个螺栓拆下，机座即可随着驱动总成一起拆下来（图 6.2-11）。

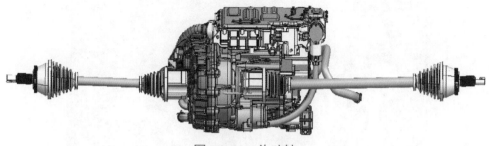

图 6.2-10　传动轴

（7）排出齿轮油

在拆解电驱总成机体之前，如图 6.2-12 所示，用转矩扳手打开放油螺塞组件，将变速器内的润滑油排放干净，再装上放油螺塞组件，防止在拆卸过程中，异物掉入变速器内。

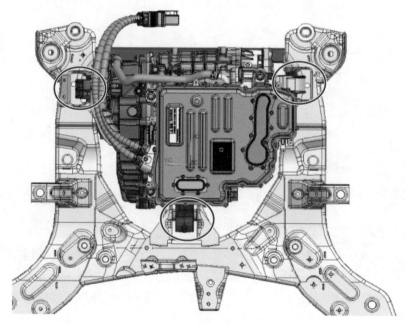

图 6.2-11　机座位置

润滑油加注完毕后，注意油口螺栓锁紧力矩。例如，比亚迪海豹加油螺塞和注油螺塞锁紧力矩为 35 ～ 39N·m，放油螺塞锁紧力矩为 47 ～ 53N·m。

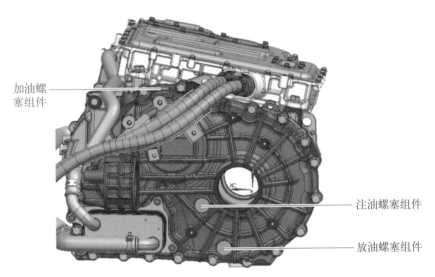

加油螺塞组件

注油螺塞组件

放油螺塞组件

图 6.2-12　油口螺栓位置

（8）排出电驱总成水道残留冷却液

拆解电驱总成机体之前需将总成内部残留的冷却液排出。在如图 6.2-13 所示的驱动电机控制器总成上的进水口处，用气枪对准冷却水道，将水道内的冷却液从出水口排出。

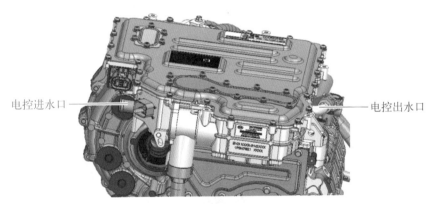

电控进水口

电控出水口

图 6.2-13　进水和出水口

6.2.2.2　驱动总成安装

（1）安装注意事项

驱动电机端盖和电驱总成合箱壳体上的螺栓或螺母，驱动电机控制器和驱动电机壳体上的螺栓，应按对角线松开和拧紧。如果螺栓有裂纹或者损坏，应及时更换。安装驱动电机控制器时，注意驱动电机控制器的螺栓孔位置。三相线与驱动电机相连接时，注意不要刮伤驱动电机和驱动电机控制器。

（2）装车要领

驱动总成分解修理后，再重新装车时需注意的事项如下。

❶ 在传动轴插入变速器的差速器端口前，使用差速器油封保护套保护油封，将传动轴插入差速器端口花键卡圈锁住，确保差速器油封无异常，防止刮伤油封。

❷ 按车型加入适量润滑油。确认注油螺塞和放油螺塞的螺纹无异常，注意油口螺塞锁紧力矩，锁紧后涂漆标注。

❸ 驱动总成装车后，车辆需进行十几分钟的充电；检查冷却壶液位变化，要保证液位高于（或平行于）Min 标志线，如有缺少，及时补充型号相同的冷却液。

6.2.2.3　气密性检测

更换完驱动总成和驱动电机或电机控制器之后，应检测其气密性和水道气密性。需要的专用设备是气密性检测仪及其套组工装。按照下述方法进行检测。

（1）驱动总成气密性检测

❶ 检测方法。

a. 如图 6.2-14（a）所示，把气密性接头安装在控制器通气塞安装孔上和变速器通气阀安装孔上。

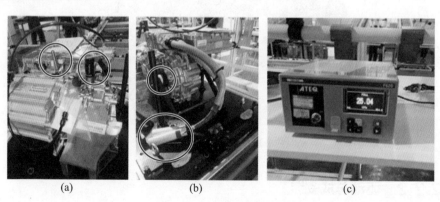

|(a)|(b)|(c)|

图 6.2-14　气密性检测

b. 如图 6.2-14（b）所示，用线束封堵工装把电控高压母线线束口和电机转接线束口进行封堵。

c. 先拆下差速器油封防尘堵头，再更换差速器油封堵头；用箱体密封夹紧工装夹紧两边的差速器油封堵头［图 6.2-14（b）］。

d. 如图 6.2-14（c）所示，按下气密性检测仪的启动按钮进行总成气密性测试。

e. 测试完总成气密性后，拆下工装，再用差速器油封防尘堵头堵住差速器油封。

❷ 检测要求。

a. 电机电控内部充气压力有要求。例如比亚迪海豹要求向电机电控内部平缓加入（25±1）kPa 的压缩空气，充气时间 10s，平衡时间 8s，检测时间 16s，泄漏量小于 50Pa 为合格。

b. 各堵头需夹紧，安装到位，不漏气。

c. 安装差速器油封堵头和差速器油封防尘堵头时，讲究安装手法，需旋转缓慢安装，不能强硬怼着安装，以免损伤油封刃口。

d. 应确保高压正负极线束封堵工装安装到位，不能装错工装，安装时需小心，避免损伤水密封圈。

e. 总成气密性测试完成后取下高压正负极线束封堵工装，如果带出水密封圈，需把水密封圈装配到位。

（2）水道气密性检测

❶ 检测方法。

a. 如图 6.2-15（a）和（b）所示，把水管接口下端用水道气密性堵头堵住，上端用水道气密性接头接通气密性测试仪，进行水道气密性测试。

（a）　　　　　　　　　　（b）　　　　　　　　　　（c）

图 6.2-15　水道气密性检测

b. 图 6.2-15（c）所示，按下气密性检测仪的启动按钮进行水道气密性测试。

❷ 检测要求。水道气密性测试条件：

a.向电控入水口内平缓加入（200±1）kPa 的压缩空气，充气时间 30s，平衡时间 10s，检测时间 10s，泄漏量小于 200Pa 为合格；

b.堵头需夹紧，不漏气。

6.2.2.4　驱动电机的拆解

（1）拆卸和分离电机控制器

❶ 如图 6.2-16 所示，拆开固定直流母线和 N 线护板的螺栓（直流母线 4 个，N 线 3 个），拆卸电控小盖，松开三个三相线螺栓及一个 N 线螺栓，松开电机控制器与变速器连接的螺栓，取下电机控制器（图 6.2-17）。

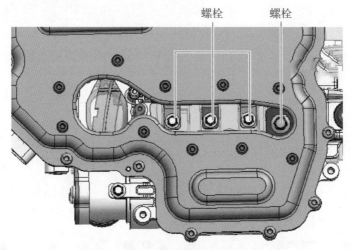

图 6.2-16　驱动电机拆解（一）

❷ 松开电机小端盖螺栓，取下驱动电机小端盖，松开接线柱和三相线端子的固定螺栓（图 6.2-17）。

❸ 拆开后端盖合箱螺栓，分离旋变接插件（图 6.2-17）。

❹ 拆卸驱动电机控制器并保护进出水口不与驱动电机磕碰，用气枪将进水口和出水口残留的水吹干。

（2）拆装定子三相引出线

❶ 拆卸定子三相引出线。拆下如图 6.2-18 所示的固定定子引出线的螺栓，即可针对电机本体进行绝缘耐压测试。测试时一端夹住三相中其中一个端子，另外一端夹到驱动电机壳体上展开测试。

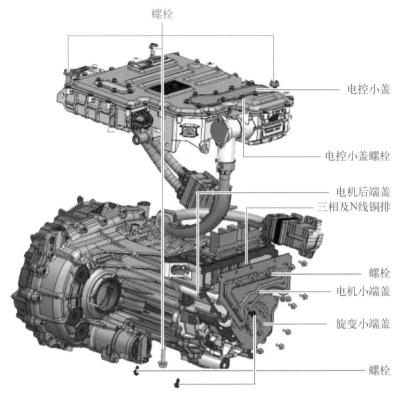

螺栓

电控小盖

电控小盖螺栓

电机后端盖

三相及N线铜排

螺栓

电机小端盖

旋变小端盖

螺栓

图 6.2-17　驱动电机拆解（二）

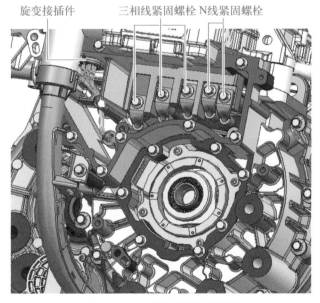

旋变接插件　　　三相线紧固螺栓 N线紧固螺栓

图 6.2-18　三相定子引出线

维修提示

定子引出线铜端子，从左到右相序分别为 U、V、W。

❷ 电机小端盖涂抹密封胶的操作步骤。安装时，需要对驱动电机端盖进行涂抹密封胶。

　　a. 将小端盖和后端盖配合面上的残胶铲干净。

　　b. 在小端盖上打胶，如图 6.2-19 所示，打胶轨迹沿螺栓孔内侧进行。

　　c. 对准螺栓孔，将小端盖贴合到电机后端盖上。

　　d. 先按次序装配螺栓，再交错锁紧螺栓，涂漆标。

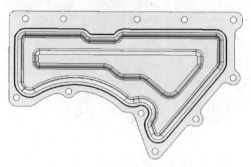

图 6.2-19　电机小端盖涂抹密封胶轨迹

（3）拆装直流母线

❶ 拆卸步骤。拆掉直流母线上盖板合箱螺栓，打开盖板，如图 6.2-20 所示，拆除 4 个直流母线螺栓，然后拆下固定直流母线的 1 个螺栓，完成直流母线的拆卸。

❷ 安装事项。将新驱动电机控制器装配完成后，需检测总成气密性和电控水道气密性。

6.2.2.5　集成式智能电驱总成的拆卸

　　当前，电驱高度集成。有的由车载充电机、直流变换器、高压配电盒、整车控制器、电池管理器组成多合一电驱控制总成，有的把驱动电机、减速器、电机控制器、高压配电盒、DC/DC 转换器、DC/AC 转换器、充电机等零部件集成为一个电驱总成（多合一）。

　　例如，比亚迪海豚电动汽车电动驱动系统集成了驱动电机控制器、双向车载充电机、DC/DC 转换器、高压配电盒（PDU）、驱动电机、变速器、整车控制器、动力电池管理器八个大块系统（分总成）/ 部件，其中整车控制器和动力电池管理器共同组成了动力域控制器（VBM）（图 6.2-21 ～图 6.2-23）。

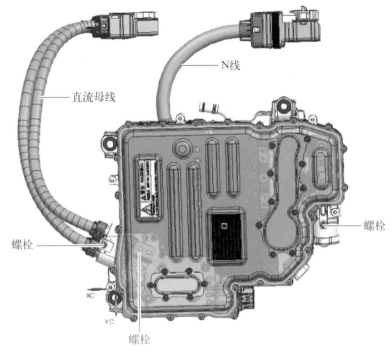

N线

直流母线

螺栓

螺栓

螺栓

XC

YC

图 6.2-20　拆卸直流母线

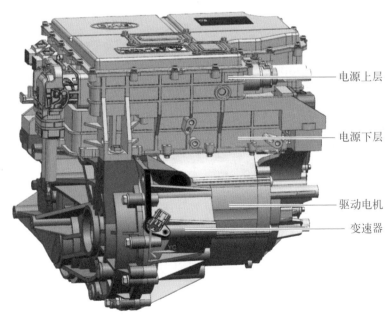

电源上层

电源下层

驱动电机

变速器

图 6.2-21　集成式智能电驱总成（比亚迪海豚）（一）

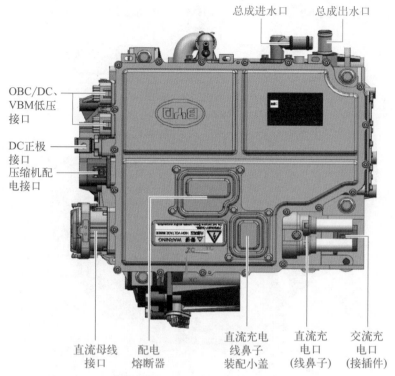

总成进水口　　总成出水口

OBC/DC、
VBM低压
接口

DC正极
接口
压缩机配
电接口

直流母线　　配电　　直流充电　　直流充　　交流充
接口　　熔断器　　线鼻子　　电口　　电口
　　　　　　　　装配小盖　(线鼻子)　(接插件)

图 6.2-22　集成式智能电驱总成（比亚迪海豚）（二）

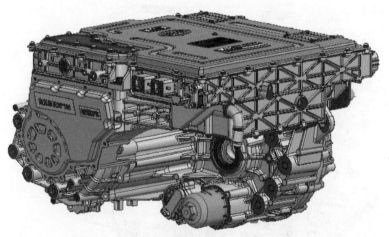

图 6.2-23　集成式智能电驱总成（比亚迪海豹）

（1）变速器排油

将集成式智能电驱总成从整车上拆解下来之后，要进行变速器润滑油排放。

❶ 排出齿轮油。在动力总成拆卸前,将变速器内的润滑油排放干净,再带上放油螺塞组件,防止在拆卸过程中异物掉入变速器内。驱动总成上变速器放油螺塞见图 6.2-24。

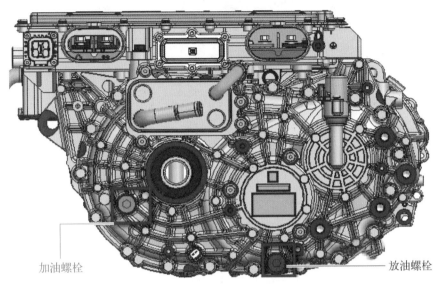

加油螺栓　　　　　　　　　　　　　　　　　　　放油螺栓

图 6.2-24　驱动总成上变速器放油螺塞

❷ 排出水道残留冷却液。在进水口用气枪将冷却水道内的水从出水口排出。集成式智能电驱总成水口见图 6.2-25 和图 6.2-26。

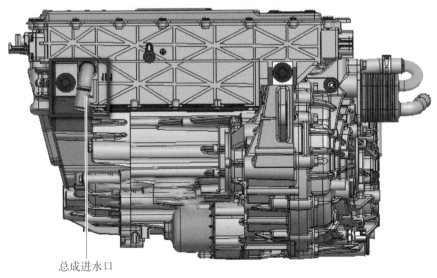

总成进水口

图 6.2-25　集成式智能电驱总成水口(一)

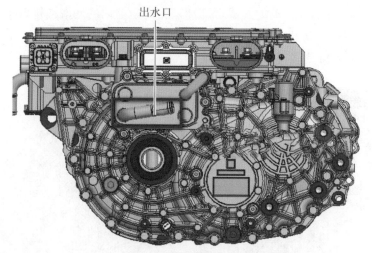

出水口

图 6.2-26　集成式智能后驱总成水口（二）

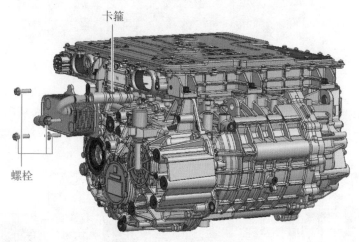

卡箍

螺栓

图 6.2-27　拆卸油冷器

（2）拆卸集成式智能电驱控制器

❶ 断开变速器上油冷器与控制器水管连接。

a. 用水管钳将控制器与油冷器连接的水管卡箍拔开。

b. 拆下油冷器固定螺栓，取下油冷器，断开控制器出水软管的接口（图 6.2-27）。

❷ 断开控制器与电机间的电气连接。

a. 拆下控制器上盖上电机三相线检修小盖固定螺栓，打开小盖（图 6.2-28）。

b. 拆下控制器内部与电机连接铜牌上的螺栓。

c. 手伸入控制器内，手指按住旋变接插件卡扣，将旋变接插件拔出（图 6.2-29）。

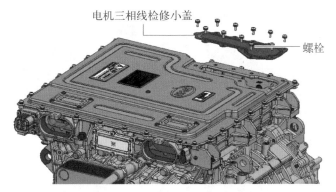

图 6.2-28　拆卸电机三相线检修小盖

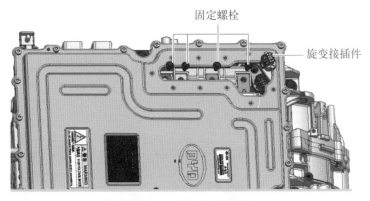

图 6.2-29　拔出旋变接插件

❸ 取下电机控制器。拆下电机控制器的固定螺栓，向上抬并取下电机控制器（图 6.2-30 和图 6.2-31）。

图 6.2-30　取下电机控制器（一）

图 6.2-31　取下电机控制器（二）

❹ 拆卸驱动电机旋变盖板，见图 6.2-32。

a. 拆下驱动电机小盖螺栓。

b. 拆下驱动电机旋变盖板。

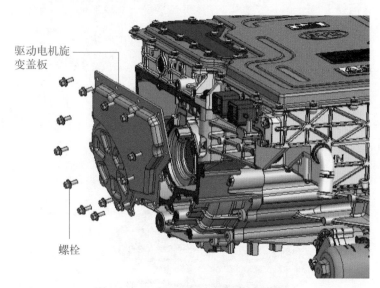

图 6.2-32　拆卸驱动电机旋变盖板

❺ 拆卸旋变及温度传感器接插件。按下卡扣，将如图 6.2-33 所示旋变及温度传感器接插件拔出。

❻ 拆卸定子三相引出线。拆下如图 6.2-34 所示三相铜排固定螺栓，即可针

对电机本体进行绝缘耐压测试。测试时一端夹住三相中其中一个端子，另外一端夹到驱动电机壳体上展开测试。

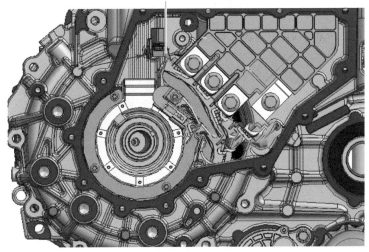

图 6.2-33　拆卸旋变及温度传感器接插件

如图 6.2-35 所示，定子引出线铜端子，从左到右相序分别为 U、V、W、N。

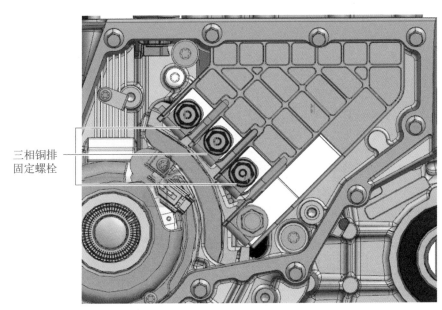

图 6.2-34　拆卸定子三相引出线（一）

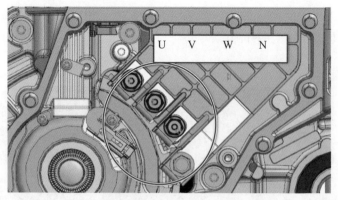

图 6.2-35　拆卸定子三相引出线（二）

6.2.3　旋变传感器的检测

6.2.3.1　检测依据

旋变传感器见图 6.2-36。旋变传感器的三组绕组分别为励磁绕组、正弦绕组和余弦绕组，可以通过绕组的阻值大小来判断旋变传感器的好坏。励磁绕组阻值低于正弦绕组和余弦绕组阻值；正弦绕组和余弦绕组阻值接近相同，且阻值都小于 100Ω；正、余弦绕组和励磁绕组之间阻值均大于 50MΩ；旋变信号和电机壳体之间阻值大于 50MΩ。

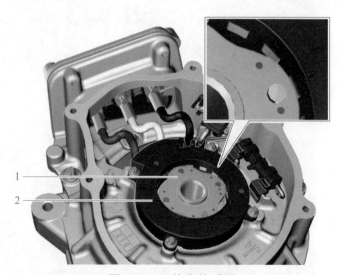

图 6.2-36　旋变传感器

1—旋变传感器转子；2—旋变传感器定子

6.2.3.2　检测方法

可用万用表测量法来判断旋变传感器励磁绕组和正、余弦绕组。

❶ 使用万用表欧姆挡，采用两两针脚测量旋变传感器的接插件。

❷ 测得结果，两个阻值约相等的为正弦和余弦绕组。

❸ 测得结果，阻值比较小且与其他两个绕组阻值不同，则为励磁绕组。

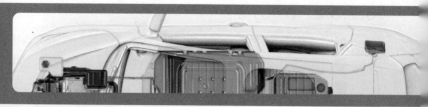

第7章

动力电池和驱动电机故障诊断与排除

7.1 动力电池故障诊断与排除

7.1.1 绝缘故障

7.1.1.1 绝缘故障判断

绝缘故障主要是动力电池漏电，可分为一般漏电和严重漏电两种情况。如果绝缘电阻小于 $500\Omega/V$，则电池包为一般漏电；如果绝缘电阻小于 $100\Omega/V$，则电池包为严重漏电。

电池包出现漏电时，仪表会点亮动力电池系统故障灯"⬚"，出现严重漏电时，会自动将车辆动力切断进行保护，仪表会点亮动力系统故障警报灯"⬚"（EV 功能受限）。若出现电池包漏电情况，应立即将车辆靠路边停靠。对于绝缘故障，需要将动力电池拆卸后进行专业维修。

7.1.1.2 漏电检查

（1）检测工具

❶ 内阻 10MΩ 以上的万用表。

❷ 故障诊断仪。

❸ 范围在 10kΩ ～ 1MΩ 的可调电阻仪。

扫一扫

视频精讲

④ 绝缘手套、绝缘靴（耐压都要在 1kV 以上）。

⑤ 绝缘电阻测试仪（包含 DC 500V、DC 1000V 测试挡位）。

（2）安全要求

❶ 车辆务必停放在绝缘地面上的新能源汽车专用维修工位。

❷ 操作技师必须佩戴必要的绝缘工装，如绝缘手套、绝缘靴等，用前需检查其是否完好无损、干燥无异物，确保安全。

（3）整车高压负载绝缘检测

整车高压负载绝缘检测步骤如下（以比亚迪海豹为例）。

❶ 检测准备。检查车辆状态；连接故障诊断仪，监测漏电传感器状态。

❷ 监测状态。如果监测到漏电传感器存在关于漏电的故障码，则需要退电至 OFF 挡，静置几分钟。

漏电传感器一般安装于高压配电箱与动力电池之间（图 7.1-1），当高压系统漏电时，传感器会发出一个信号给电池管理器，电池管理器接收到漏电信号后，会根据漏电情况马上报警或者马上断开高压系统，防止高压漏电对人或者物品造成伤害和损失。

❸ 检测条件。戴上绝缘手套，先断开低压电池正极，再断开空调高压接插件；断开动力电池高压输出接插件，用万用表测量线束端电压不大于 60V 才允许操作。

❹ 检测方法。用绝缘电阻测试仪分别测量空调零部件正极对地、负极对地的绝缘阻值，统一用 DC 500V 挡位进行测试（如果被测车辆铭牌上动力电池系统额定电压大于 436V 并且绝缘电阻测试仪支持多挡位微调，则使用不低于且最接近电池包最大电压的挡位）。如果不清楚动力电池最大电压，用车辆铭牌上动力电池系统额定电压的 1.15 倍作为电池包的最大工作电压。

a. 如果测试阻值有小于 20MΩ 的情况，则表明空调零部件漏电，需要再把其他高压负载依次断开，按照负载测试方法逐个测试排查，并记录数据。三合一上的高压负载都断开后，测试其所有高压接插件端正极对地、负极对地的绝缘阻值，并记录数据。

b. 如果测试阻值都大于等于 20MΩ，则表明空调零部件正常；需要再把其他高压负载依次断开，按照负载测试方法逐个测试排查，并记录数据。高压电控三合一上的高压负载都断开后，测试其所有高压接插件端正极对地、负极对地的绝缘阻值，并记录数据。

c. 如果以上测试数值都正常，则按照负载测试方法，依次测试直流充电口、交流充电口的绝缘阻值，并记录数据。

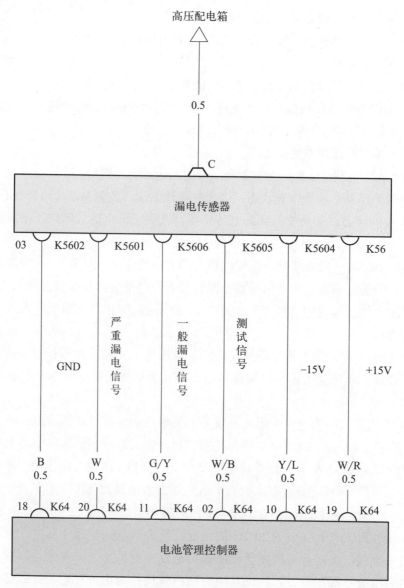

图 7.1-1　电路图

d. 各被测部件测试的绝缘阻值小于 20MΩ，则判断其为漏电。

（4）排除法检测动力电池漏电

旋至 OFF 挡，检查高压模块是否漏电。

❶ 断开动力电池直流母线。拔下前后驱动电机控制器、车载充电器高压接插件，用绝缘阻值测试仪测量前后电机控制器、车载充电器高压线端绝缘阻值，

如果阻值大于 20MΩ 则正常，反之为漏电。

❷ 断开动力电池直流母线。测量 PTC 与压缩机线束端绝缘阻值，如果大于 20MΩ 则正常，反之为漏电。

❸ 断开高压配电箱处的高压接插件，用绝缘阻值测试仪分别测试高压配电箱端高压接插件接口端子对地的绝缘阻值。如果测得值 ≥ 50MΩ，则正常；反之，表明高压配电箱漏电。

❹ 如果以上都正常，且在 ON 挡时一直报严重漏电，则更换动力电池包。

（5）用计算法检测动力电池包漏电

用计算法检测动力电池包绝缘电阻的步骤如下。

断开电池包高压接插件，根据电池包接插件引脚定义，吸合电池包内所有高压接触器（除预充接触器除外，吸合电池包内的接触器需要使用 12V 蓄电池，把所有需要吸合的接触器的供电引脚与 12V 蓄电池正极连接，同时相应的控制引脚都与 12V 蓄电池的负极连接。为确保安全，必须戴绝缘手套进行吸合操作，包括后续的电压测量），测量电池包总电压以确保接触器都吸合，记录数据。

如图 7.1-2 所示，将两个万用表连接，分别测量整车电路的负极对车身地电压 U_1 和正极对车身地电压 U'_1，并记录数据。

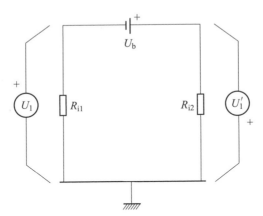

图 7.1-2　测试电池包正极、负极对车身地的电压

判断 U_1 和 U'_1 大小：

❶ 如果 $U_1 \geqslant U'_1$，如图 7.1-3 所示，在负极与地线之间并联一个已知阻值的电阻 R_0，然后在已知阻值的电阻上进行第三次电压测量，测得 U_2；

❷ 如果 $U'_1 > U_1$，则在动力电池的正极与地线之间并联一个已知阻值的电阻 R_0，然后在已知阻值的电阻上进行第三次电压测量，测得 U'_2。

根据如下公式，可算得绝缘电阻值 R_{i2}。

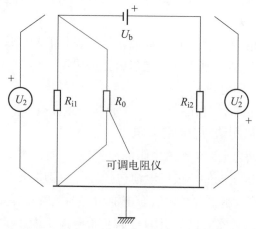

图 7.1-3　负极对车身地并联电阻后测试电池包正极、负极对车身地的电压

维修提示

　　该绝缘电阻值为最小绝缘电阻与万用表内阻的并联值。

如果 $U_1 \geqslant U'_1$，则有

$$R_{i2} = \frac{U_1 - U_2}{U_2} R_0 \left(1 + \frac{U'_1}{U_1}\right)$$

如果 $U'_1 > U_1$，则有

$$R_{i2} = \frac{U'_1 - U'_2}{U'_2} R_0 \left(1 + \frac{U_1}{U'_1}\right)$$

　　用阻值 R_{i2} 除以电池包的最大工作电压，所得的值不应小于 500Ω/V，否则判定为电池包漏电。

7.1.1.3　故障案例

（1）故障信息

　　比亚迪动力电池偶发性漏电：某 2018 年款比亚迪宋 DM 混合动力汽车，搭载 514V 的动力电池。正常行驶过程中，组合仪表上突然显示"EV 功能受限"，并自动切换到 HEV 模式，熄火后重新启动又恢复正常。

（2）故障诊断

连接故障诊断仪，执行故障诊断发现电池管理控制单元 BMS 中存有历史故障码 PIA0000——严重漏电故障。

（3）解决思路

初步判断导致出现该故障的可能原因有：系统软件故障；BMS 故障；动力电池包故障；电动压缩机或 PTC 故障、相关线路故障等。

（4）故障检测

❶ 读取与 BMS 相关的数据流，未发现异常。

❷ 拔开 BMS 接插器查看线束针脚，未发现有进水、氧化等异常。

❸ 查看电动压缩机、PTC、动力电池包等主要高压部件的高低压线束接插器，无异常。

❹ 使用兆欧表分别测量电动压缩机和 PTC 的绝缘电阻，均正常，排除电动压缩机或 PTC 漏电的可能性。

❺ 使用万用表分别测量电池包正、负极母线接口的电压，并比较 $U+$ 和 $U-$，选择电压绝对值大的进行下一步，电压高的极柱对地电压记录为 U_1，实测为 445V；电压低的对地极柱电压记录为 U_0，实测为 86V。

❻ 在万用表正负表笔之间并联电阻 R（要求 100kΩ 以上电阻，笔者所使用的电阻为 110kΩ）后重新测量 U_1，并将测得的结果记录为 U_2，实测为 353V。

（5）故障确定与排除

❶ 故障确定：按照绝缘阻值计算公式：$(U_1-U_2) \div U_2 \times R \times (1+U_0 \div U_1) \div U_{max}$，则计算出故障车的绝缘阻值为

$$(445-353) \div 353 \times 110000 \times (1+86 \div 445) \div (514 \times 1.15) \approx 58(\Omega/V)$$

58Ω/V 明显小于 500Ω/V 的标准，说明故障车的电池包存在严重漏电故障。

! 小贴士

公式中 514V 为该故障车铭牌上动力电池额定电压。

公式中 U_{max} 是指电池包最大工作电压，等于车辆铭牌上动力电池额定电压乘以系数 1.15。

❷ 故障排除：更换新的动力电池包并标定，路试行车正常，故障排除。

7.1.2 上电故障

7.1.2.1 动力电池上电

（1）动力电池上电条件

❶ 启动钥匙打在 ON 挡，蓄电池 12V 供电、全车高压有控制器的部件（动力电池、电机控制器、整车控制器、空调控制器、DC/DC 转换器）低压上电唤醒、初始化、自检，无故障，上报整车控制器 VCU；动力电池内部动力母线绝缘检测合格，各个继电器状态合格，各个电池模组电压温度状态合格，上报整车控制器 VCU。

❷ VCU 控制动力电池负极母线继电器闭合。

❸ 动力电池内部主控盒控制预充电继电器闭合，动力电池首先为负载端各个电容充电，电池管理系统检测到电容充满电后，主控盒闭合正极母线继电器，然后断开预充电继电器。此时，仪表上"Ready"指示灯亮起，则"Ready"成功。

（2）上电流程

预充功能用于检测上电前高压系统是否有故障，如果有故障则车辆无法上电。上电工作流程框图如图 7.1-4 所示。

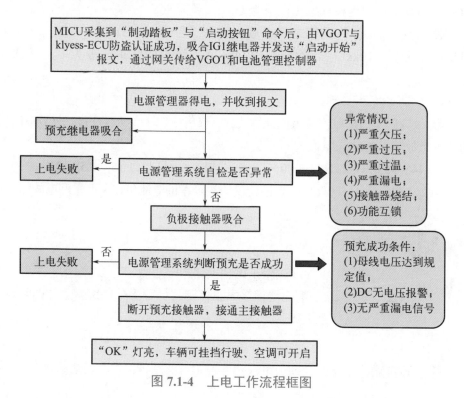

图 7.1-4　上电工作流程框图

7.1.2.2　动力电池充电过程

❶ 车辆停止后，启动钥匙在 OFF 挡位，12V 蓄电池 ON 挡供电断开；车辆高压系统包括整车控制器处于休眠状态。

❷ 车辆充电时，启动钥匙要求在 OFF 挡位，充电枪连接正常后，首先充电机（慢充和快充）送出其自有的 12V 低压电，唤醒整车控制器 VCU。仪表盘出现充电插头信号，表示充电枪连接正常。

❸ 整车控制器 VCU 的 12V 低压，唤醒动力电池管理系统和 DC/DC。动力电池内部自检合格后，通过 CAN 先向充电机发出充电请求信号，闭合正负母电继电器，开始充电。

❹ 充电过程中主控盒与从控盒采集的电池电压和温度信息，随时通过内部 CAN 线通信，主控盒把信息通过对外 CAN 总线与整车控制器 VCU 和充电机通信，把动力电池的充电要求信息传给充电机，充电机随时调节充电电流和电压，保证充电安全合理。当充电结束拔出充电枪后，整车控制器让高压系统下电。

7.1.2.3　高压互锁故障

（1）高压互锁作用

高压互锁的作用是判断高压系统回路的完整性，只有所有高压部件的接插件均接插到位后才允许高压系统上电。在整车上高压电之前，确保整个高压回路连接完整，提高安全性。

动力蓄电池总成内部有高压互锁检测回路，通过主板输出信号经互锁回路再接收信号对高压连接进行检测，如果某一高压接插件未接插好或某一段线束开路，则会导致互锁检测不通过，报出高压互锁故障。

为了确保高压接插件的连接可靠性，整车高压系统中的接插件基本都连接有检测电路。当检测电路断开的时候，整车控制器或 BMS 即认定高压接插件松脱，此时为了保证整车安全，不许上高压电。

检测时动力电池维修开关串接在电池高压互锁检测回路中。高压互锁设置为三个回路，即驱动回路、动力电池回路、充电回路。

（2）高压互锁分类

❶ 结构互锁。高压互锁是纯电动汽车上一种利用低压信号监测高压回路完整性的安全设计措施。其作用在于高压互锁回路接通或断开的同时，电源控制器接收反馈信号，进而控制高压电路的通断。

高压互锁检测包括的节点有：整车控制器、电池管理器、车载充电机。

高压互锁相关节点有：整车控制器、电池管理器、车载充电机、后电机控制器、前电机控制器、压缩机、PTC、高压能量分配单元（PDU）、高压线束等。

❷ 功能互锁。电动汽车在连接外部充电设备时，为避免发生安全事故，不允许车辆依靠自身驱动系统移动，这也是充电的优先原则。

（3）高压互锁结构

高压互锁装置采用低压导线作为信号线，与高压电源线并联在高压线束护套管内，并将所有高压部件串联起来形成回路。由于高压互锁插头中高压电源的正、负极端子与中间互锁端子的物理长度不同，所以当连接高压插头时，高压插头的电源端子会先于中间互锁端子完成连接（图7.1-5和图7.1-6）。断开高压插头时，中间互锁端子则先于高压电源的正、负极端子脱开，从而避免了高压环境下拉弧的产生。同时，高压互锁装置内还配备了用于监测高压部件盖板是否可靠关闭的行程开关，以及车辆碰撞和翻转信号监测装置，用于触发断电信号，确保在瞬间内能断开高压回路。

图 7.1-5　结构互锁

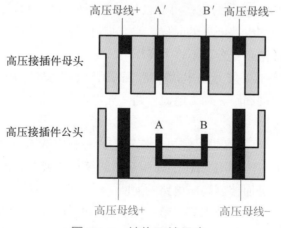

扫一扫

视频精讲

图 7.1-6　结构互锁示意

小贴士

电动汽车高压动力系统的控制是通过低压电气系统进行的，一旦低压电气系统出现故障，电动汽车高压动力系统将无法上电。

（4）故障案例1

❶ 故障信息。2017 年款比亚迪 e5 纯电动汽车，打开点火开关后无法上电，动力系统警告灯亮，仪表显示"请检查动力系统"字样。

❷ 解决思路。根据该车上电流程（图 7.1-4）和电路（图 7.1-7）分析，以下相关情况可能导致电动汽车无法上电。

a. 蓄电池的电压不正常以及 F5-3 和 F5-4 保险有异常。

b. 制动踏板信号或启动信号未被 MICU 车身模块接收。

c. 防盗模块认证信息未被 VGOT 或 Klyess-ECU 认证。

d. IG1 继电器未吸合，IG3 和 IG4 继电器未吸合。

e. 高压互锁连接引起的故障。

f. 单体电池过温、过压、漏电、欠压导致电池管理系统自检异常。

g. 高压母线未达到规定电压、严重漏电导致预充失败。

h. 电池管理器故障导致接触器无法工作。

i. CAN 网络通信故障。

❸ 故障检测。

a. 维修技师执行维修电动汽车安全防护后，首先对车辆执行故障诊断检测，进入双向逆变充放电式电机控制器（VTOG）读取故障码，显示故障码为 P1A6000，内容为高压互锁 1 故障。

b. 读取数据流，与该故障相关的主要数据流信息为：不允许充放电；主接触器断开；高压互锁 1 锁止。

❹ 故障判断。根据故障诊断检测数据流，初步确定该故障为高压互锁系统线路故障或高压互锁系统元件故障。

❺ 故障分析。

a. 根据图 7.1-8，该车型高压互锁电路由电池管理系统（BMS）、动力电池、电机控制器及空调加热器（PTC）构成。据此，关闭点火开关测量电阻：断开电池管理系统的 BK45-A 接插器及 BK45-B 接插器，用万用表电阻挡测量 BK45-A/1 端子与 BK45-B/7 端子之间电阻，测得阻值为 ∞；正常情况下该阻值应小于 1.0Ω，这就说明在互锁电路中存在断路。

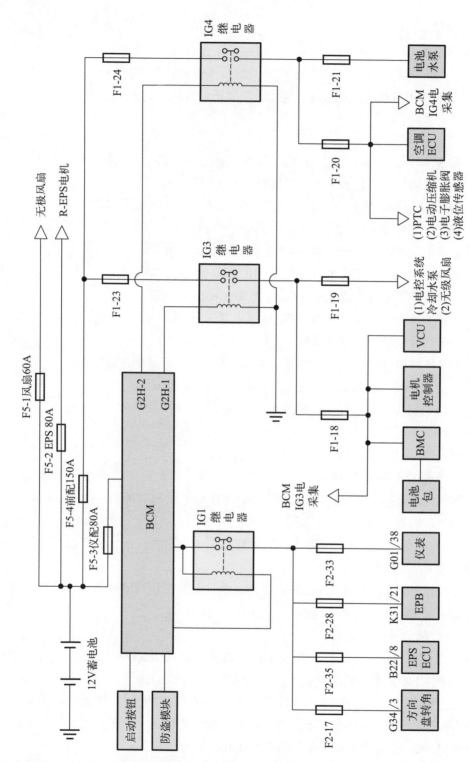

图 7.1-7　启动控制电路

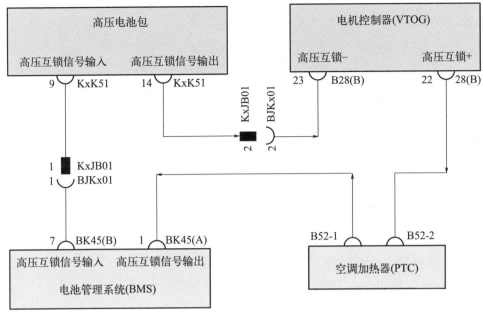

图 7.1-8　高压互锁电路

b. 断开电机控制器的 B28-B 接插器，测量 BK45-B/7 端子与 B28-B/23 端子之间的电阻为 0.7Ω，小于 1.0Ω。由此可判断电池管理系统到电机控制器之间的线路正常；测量 BK45- A/1 端子与 B28-B/22 端子之间线路的电阻值为∞，这时基本可以确定线路的断点位于电机控制器到电池管理系统之间的线路上。

c. 为了明确断点所在位置，继续检测：断开空调加热器的 B52 接插器，测量 BK45-A/1 端子与 B52/2 端子之间的电阻值为正常范围内的电阻（0.6Ω），这样可以确定空调加热器到电池管理系统之间的线路是正常的。

❻ 故障确定和排除。根据上述检测分析和推断，可以确定线路断点位于空调加热器与电机控制器之间的线路。更换空调加热器与电机控制器之间的线束，故障排除。

（5）故障案例 2

❶ 故障信息。某辆比亚迪宋 Pro EV，如图 7.1-9 所示，显示车辆仪表报 EV 功能受限，此时"OK"灯无法点亮，无法挂挡行驶。

❷ 解决思路。使用 VDS 诊断仪读取到 BMS 报高压互锁 2 故障，且无法清除。其原因主要有：a. 高压部件故障；b. 电池管理器故障；c. 互锁 2 线路故障；d. 其他原因。

图 7.1-9　EV 功能受限仪表显示

❸ 故障检测。

a. 根据图 7.1-10 所示的高压互锁 2 的线路连接走向，先测量 BMS 的 BK45B-10 与 BK45B-11 针脚，结果导通，线路正常。

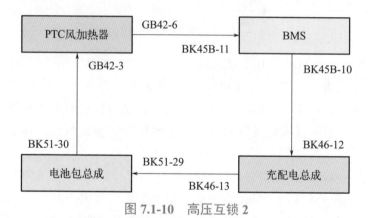

图 7.1-10　高压互锁 2

b. 用替换法排除电池管理器故障。

c. 考虑短路情况：测量 BK45B-10 和 BK45B-11 对地短路，于是按照高压互锁 2 的线路分段测量，排查发现 PTC 风加热器到 BMS 的中间对接接插件进水发生短路，检测发现多个接插件有进水痕迹（图 7.1-11），该中间对接接插件在副驾驶 A 柱下方。

❹ 故障确定和排除。通过检测分析确定故障由进水导致。PTC 风加热器到 BMS 的接插件在副驾驶 A 柱下方。对该接插件进行清洗与吹干处理后，故障排除。

❺ 故障分析。后来从客户处了解到该车进水情况。技师分析其原因是贴膜

时候防水措施未做到位，导致水正好从仪表台及 A 柱地方渗漏到线束接插件。

❻ 故障小结。其实，正常的故障诊断流程应该把对客户的问询前移至首位，首先通过对客户问询，了解车辆发生故障与近来行车环境的关联性，少走弯路，提高解决问题的效率。

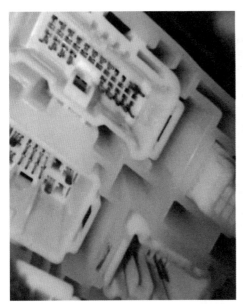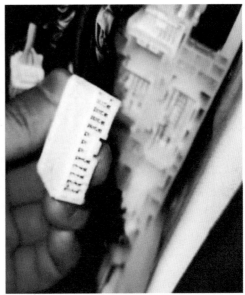

图 7.1-11　接插件

（6）故障案例 3

❶ 故障信息。2017 年款比亚迪秦。SOC 电量在 10% 时报"EV 功能受限"，EV 自动切换到 HEV 模式（图 7.1-12），同时车辆无法充电。

图 7.1-12　EV 自动切换到 HEV 模式

❷故障检测。

a.用 VDS 诊断仪读各模块信息，只在电池管理系统中报故障码 P1A 3400，内容为预充失败故障（图 7.1-13）。读取数据流，电池组当前总电压为 444V，最低单节电池电压为 3.464V，最高单节电池电压为 3.485V，预充状态为未预充。

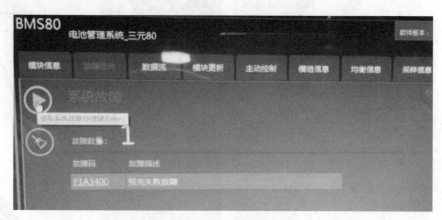

图 7.1-13　故障诊断信息

b.该车高压配电箱内置在动力电池包内部，根据电路图断开动力电池包低压接插件 B28，测量 4 号针脚（预充接触器电源）电压，为 12.86V（图 7.1-14），初步排除是由于低压线路引起的预充失败故障。

图 7.1-14　测试电压

c. 测量 PTC、电动压缩机、驱动电机控制器正负极电阻，正常。测量输入端正负极 OK 挡瞬间电压，为 443V，排除电池包及高压配电箱故障（图 7.1-15 和图 7.1-16）。

图 7.1-15　测试电阻

图 7.1-16　输入端正负极 OK 挡瞬间电压

❸ 故障分析判断。通过 VDS 检测仪读取驱动电机控制器 OK 挡瞬间电机母线电压为 281V，DC/DC 总成 OK 挡瞬间高压侧电压为 243V，正常电压是动力电池组总电压，说明故障点在驱动电机控制器、DC/DC、PTC、电动空调压缩机。

❹ 故障确定和排除。分别断开驱动电机控制器 PTC 和电动空调压缩机输出端，在断开 PTC 时，驱动电机控制器 OK 挡瞬间电机母线电压为 443V、DC/DC 总成 OK 挡瞬间高压侧电压为 443V（图 7.1-17），说明是 PTC 内部异常导致的故障，更换 PTC 水加热器总成后故障排除。

（7）故障案例 4

❶ 故障信息。一辆 2020 年款、搭载永磁同步电机的比亚迪秦纯电动汽车无法上电。该车行驶里程约 20000km；无法上"OK"电；组合仪表上显示"EV 功能受限"，且整车动力系统故障指示灯点亮。

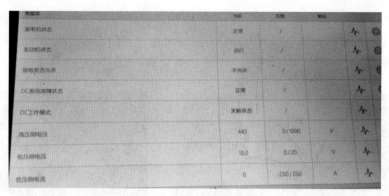

图 7.1-17　数据流

❷ 故障诊断。

a. 用故障诊断仪读取动力电池管理系统（BMS）的故障信息，发现存有三个故障码，见表 7.1-1。

表 7.1-1　故障信息

故障码	故障形式	故障释义
P1A4200	间歇故障	负极接触器烧结故障
P1A5100	当前故障	碰撞硬线信号 PWM 异常报警
U016400	当前故障	（BMS）与空调通信故障

b. 读取动力电池管理系统（BMS）的预充接触器状态、负极接触器状态、主接触器状态、预充状态的数据流，见表 7.1-2，显示预充状态"失败"，主接触器状态和负极接触器状态均为"断开"，车辆无法正常上电，且故障码无法清除。

表 7.1-2　数据流

数据流名称	状态
预充接触器状态	吸合
负极接触器状态	断开
主接触器状态	断开
预充状态	失败

数据流名称	状态
充电感应信号（直流）	无
充电感应信号（交流）	无
充电是否允许	无效数据／预留
放电是否允许	不允许

❸ 解决思路。

a. 动力电池常见故障如下。

ⓐ 电压采样功能异常、温度采样异常、熔丝烧蚀、内部通信故障。

ⓑ 充电管理、放电管理、高压继电器控制、电池均衡、数据记录、SOC/SOH 计算等功能性故障。其中，继电器（接触器）烧蚀故障是比较常见的故障。

b. 在本案例中，车辆多次尝试上"OK"电，但故障依旧。结合该车故障信息和诊断数据流，导致该车故障的可能原因主要有以下三个方面。

ⓐ 动力电池内部的负极继电器烧蚀故障。

ⓑ 负极继电器控制线路对地短路。

ⓒ 动力电池管理系统（BMS）模块故障。

❹ 故障分析。

a. 从动力电池内部结构分析。

ⓐ 纯电动汽车动力电池的内部组成部件主要包括：各电池模组、CSC 采集系统、电池控制单元（BMU）、电池高压分配单元（B-BOX）、电池内部冷却系统、电池内部加热系统等。

ⓑ 不同的电动汽车，电池内部的高压分配单元所包含的部件有所不同，一般由正极继电器、负极继电器、预充继电器、预充电阻和电流传感器组成，部分车型还包括直流充电继电器、电池加热继电器。

ⓒ 例如比亚迪 e5 电动汽车就将预充继电器、预充电阻器、电流传感器、直充充电继电器安装在动力电子单元（PEU）或高压电控总成内部。

ⓓ 动力电池内部的主继电器主要包括正极继电器、负极继电器，其作用是接通和关闭高压系统。故障码中的"负极接触器"，实际上就是高压继电器。高压继电器的内部电路如图 7.1-18 所示，继电器线圈的电源电压为 12V，通过低

压电路控制高压电路的接通或断开。

ⓔ 预充继电器和预充电阻的安装位置因车型而异，大部分电动汽车的预充继电器和预充电阻安装在动力电池箱内部，例如2020年款比亚迪秦EV。

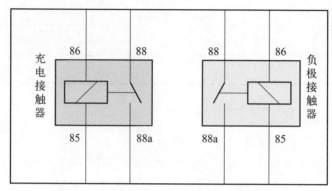

图7.1-18 高压继电器的内部电路

b. 从动力电池预充电分析。

在电动汽车上"READY"或"OK"电时，为缓解对高压系统的冲击，电池管理器先吸合预充继电器，电池包的高压电经过预充继电器并联的限流电阻后，加载到电机控制器母线上，对电机控制器内的电容器进行预充电，电池管理器检测到母线上的电压与电池包电压之差为电池包电压的5%以内时，控制主继电器吸合，断开预充继电器。也就是说，预充继电器用于预负载，在闭合正极继电器、负极继电器前，以小电流给高压系统上的电容器进行预充电，以检查高压车载网络上的连接是否正常，同时避免高电压对高压部件的冲击。

c. 从动力电池内的电流霍尔传感器分析。

电流霍尔传感器用于监测动力电池包正极的充、放电电流。不同的车型，电流霍尔传感器的安装位置有所不同，有些安装在动力电池内部，有些安装在动力电子单元（PEU）或高压电控总成内部。2020年款比亚迪秦动力电池高压配电箱内部的电流霍尔传感器，安装在动力电池内部的高压配电箱正极接线柱上。

❺ 故障判断和排除。回过头看，本案车辆的故障码指示的故障其实比较明确。比亚迪秦EV的电池管理器安装在动力电池外部，在检查负极继电器外部控制线路正常的前提下，维修技师更换了动力电池内部的负极继电器。同时更换

了正极和负极继电器。重新试车，故障被彻底排除。

（8）故障案例 5

❶ 故障信息。一辆行驶大约 5000km 的 2022 年款奔驰 EQB350，充电后车辆无法启动。

该车交流充电 12h 未充满，启动车辆时，仪表上显示"不允许拖车，参见用户手册"的红色的报警信息，且红色的高压蓄电池故障灯点亮（图 7.1-19），车辆无法启动。锁车 30min 后，再次尝试解锁启动车辆，故障依旧。

图 7.1-19　故障灯点亮

❷ 故障检查。

a. 检查发现，空调不制冷。

b. 交流充电盖无法打开，但直流充电盖可以打开。

c. 用红外测温仪检查高压动力电池，未发现其温度异常。

❸ 故障诊断。

a. 多次尝试启动车辆，未果。

b. 连接故障诊断仪，执行故障诊断。数据流显示车辆电池电量为 69%；多个控制单元均设置了与互锁电路相关的当前状态下的故障码，见表 7.1-3。高压系统见图 7.1-20。

❹ 故障分析。

a. 该车装配了高压断开装置控制单元，其目的是避免被追尾时后保险杠附近的高压部件受损，导致触电风险。

表 7.1-3　故障信息

故障码	故障形式	故障可能发生部件或系统	故障释义
P0A0A00	当前故障	高压蓄电池的交流电充电器（SG-LG）	高压车载电气系统的互锁电路存在电气故障
P0A0E00	间歇故障	直流充电连接单元（数据通信控制单元 DCCU）	高压车载电气系统的互锁电路出现偶发故障
P154700	当前故障	传动系统 PTCU	由于检测到联锁电路故障而发出警告
P0A0A00	当前故障	后轴电力电子装置（SG-LE-HA）	高压车载电气系统的互锁电路存在电气故障
P0A0A00	当前故障	蓄电池管理系统（BMS）	高压车载电气系统的互锁电路存在电气故障

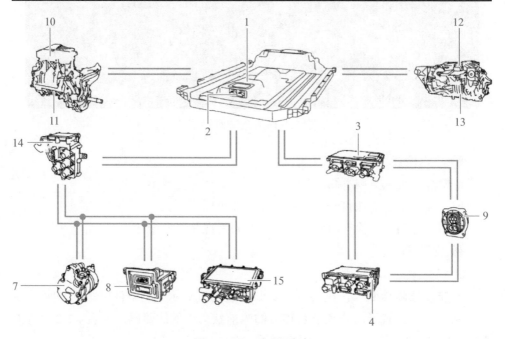

图 7.1-20　高压系统

1—高压蓄电池；2—蓄电池管理系统控制单元；3—直流充电器；4—交流充电器；7—电动制冷剂压缩机；8—PTC 加热器；9—车辆插座（连接至外部充电站）；10—带交流 / 直流转换器的前部电力电子装置；11—前部电机；12—带交流 / 直流转换器的后部电力电子装置；13—后部电机；14—带熔丝的高压电源分配器；15—直流 / 直流转换器

b. 该车型互锁电路由中央互锁和分散式互锁构成，互锁电压信号会循环通过可拆卸或断开的所有高压车载电气系统部件。为此，每个可拆卸高压连接中都有一个跨接装置，可在拆下高压连接时断开互锁电路，有些部件配有互锁检测器。交流/直流转换器控制单元、高压蓄电池交流充电器、后部电机、高压蓄电池模块内部都有互锁信号的评估检测电路（IL），这些检测器会检测断路并通过网络请求关闭高压车载电气系统。故障车型带互锁回路和 30c 电路的高压部件见图 7.1-21。

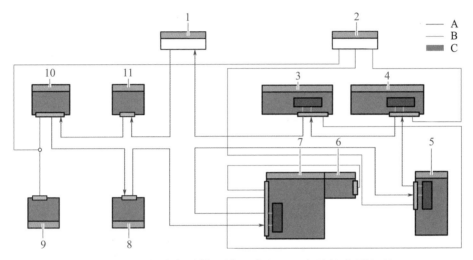

图 7.1-21　故障车型带互锁回路和 30c 电路的高压部件
1—高压电设备关闭开关 S7；2—熔丝 F63；3—直流充电连接单元 N116/5；
4—高压蓄电池交流充电器 N83/11；5—后驱动电机 N129/2；6—高压断开装置
控制单元 N171；7—高压蓄电池模块 A100（集成了蓄电池管理系统控制
单元 N82/9）；8—加热器 N33/5；9—前驱动电机 N129/1；10—直流/
直流转换器控制单元 N83/1；11—电动制冷剂压缩机 A9/5；
A—电路 30c；B—互锁信号导线；C—互锁检测器

c. 查看 BMS 控制单元的实际值中互锁回路的状态，显示为"错误"。

d. 根据上述故障信息和诊断，结合高压互锁回路的工作原理分析，导致该车故障的主要的可能原因有三个：互锁回路线路故障；高压部件（包含 IL 互锁评估逻辑电路）电气故障；BMS 控制单元软件故障。

❺ 故障检测。

a. 尝试对蓄电池管理系统（BMS）控制单元的软件进行升级，结果没有发现新软件。

b. 断开高压电和车载电网，拔下 BMS 的插头，检测互锁回路的总电阻

（PIN17 和 PIN24），从而可以快速判断整条互锁回路是否正常，是否存在断路。检测 N82/9 的 PIN17 和 P1N24 与车身的电阻，大于 1MΩ，说明整条互锁回路导通正常，没有断路或对地短路的故障（图 7.1-22）。

c. 接下来进行分段检测互锁电路。重新接通车载电源和高压电，首先选择易拆装且易测量的位于后备厢下面的高压蓄电池的交流充电器。

d. 单独拔下高压蓄电池的低压插头，测量 5 号针脚（输入）互锁信号的平均电压为 3.6V，4 号针脚（输出）的电压为 0。

e. 单独拔下高压蓄电池旁边的直流充电连接装置的低压插头，互锁回路输入电压为 3.6V，输出电压也为 0，测量结果与高压蓄电池相同。

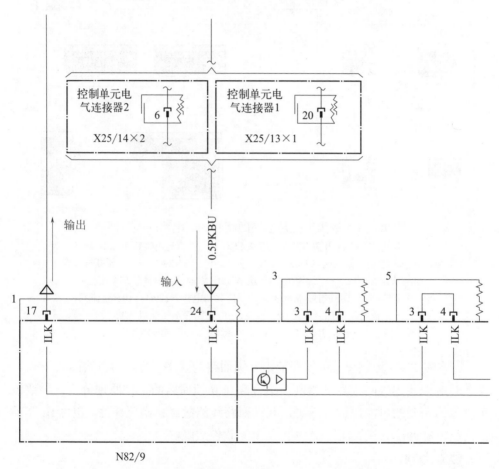

图 7.1-22 交流充电系统高压互锁回路电路

⑥ 故障判断。蓄电池管理系统（BMS）控制单元负责发出和监控内部互锁

信号。内部互锁信号通过 BMS 控制单元的 1 号插头 PIN17 输出，经过各个高压部件后，再回到 BMS 控制单元的 1 号插头 PIN24。如果互锁信号是单向输出信号，测量结果则是正常的。但是，BMS 输出的互锁信号是双向传输的，可以判断是蓄电池管理系统控制单元内部的互锁电路存在电气故障。

❼ 故障确定和排除。

a. 故障确定：在所有高压部件内部互锁闭合的情况下，使用示波器检查互锁回路的信号波形，发现也是异常的，故障车的互锁信号波形是 0.5 ～ 7V 的方波信号，且蓄电池管理系统控制单元是单向传输的。正常互锁信号波形应该是 1 ～ 3.5V 的方波信号，为双向传输。这样可以确定是蓄电池管理系统控制单元内部的互锁电路存在电气故障。

b. 故障排除：由于该车型蓄电池管理系统控制单元位于高压蓄电池的内部，不单独提供，所以更换高压蓄电池，故障排除。

(9) 故障案例 6

❶ 故障信息。某比亚迪唐 DM 车，仪表显示 EV 功能受限。

❷ 解决思路：

a. 互锁故障；

b. 漏电故障；

c. 预充失败。

❸ 故障诊断。

a. 维修技师试车确认故障，踩刹车踏板并按启动按钮后无 EV，发动机启动，仪表显示 EV 功能受限。

b. 连接故障诊断仪执行诊断，读取 BMS 故障码，内容为预充失败，且故障码不能清除。尝试再次上电，未果。预充故障导致无 EV。

c. 读取各高压模块上电瞬间高压母线电压值，发现最大电压仅能达到 280V 左右，异常。

d. 检测动力电池包电压，能达到额定电压，正常，排除电池包本身故障。

e. 检测高压配电箱内预充电阻阻值为 200Ω，正常；测量接触器无异常。

❹ 故障确定和排除。

a. 怀疑外部高压模块异常，降低了母线预充电压，逐个拔掉外部高压模块并处理互锁。拔掉电池加热 PTC 后预充电压正常，预充成功。确认电池加热 PTC 故障，倒换新的 PTC 后故障再次出现，预充电压再次被降低。

b. 再次拔掉 PTC 后故障又排除，实测预充电压为 666V，正常。

c. 检查 PTC 加热器，有擦碰痕迹，PTC 线束端接插件有事故维修痕迹。拔开接插件，发现母线针脚插反。对比正常车辆发现该车 PTC 母线确实正负相反，倒换针脚后故障排除。

（10）故障案例 7

❶ 故障信息。某比亚迪唐 80 车，上"OK"电自动切换到 HEV 模式，无 EV。

❷ 解决思路：

a. 电池包故障；

b. BMS 故障；

c. 预充电阻故障；

d. 高压配电箱故障；

e. 前驱电机控制器故障；

f. 线路故障。

❸ 故障诊断。

a. 连接故障诊断仪执行诊断：显示故障码 P1A 3400，内容为预充失败故障。

b. 在上"OK"电瞬间能读取到负极接触器和预充接触器均有吸合状态。

c. 读取动力电池当前总电压，为 693V；在预充过程中读取前驱动电机控制器母线电压，为 9V；读取后驱动电机控制器母线电压，为 692V。

d. 前驱动电机控制器母线电压低于 2/3 的动力电池额定电压（预充电压），因后驱动电机控制器能监测到 2/3 的动力电池额定电压，说明动力电池包有电压输出，分压接触器、负极接触器、预充电阻、后控保险无异常，可判断故障点在前控端。

❹ 故障确定和排除。

a. 进一步检测，拆卸高压配电箱，测量前控制盒保险不导通。

b. 保险自身熔断切断电流的情况多数为下游回路电流异常或短路所致。

c. 进一步排查下游回路部件：首先查看前驱控制器高压线束，无异常；测量前驱动电机控制器母线正极与负极阻值，为 4.53MΩ，大于 1MΩ，正常。

d. 根据检查结果确定，故障由前控保险熔断而导致。更换前控保险，故障排除。

7.1.3　温度故障

7.1.3.1　故障信息

动力电池温度方面故障，通常会显示电池温度严重过高、电池温度严重过低，以及电池温度过高或过低报警。故障原因主要在电池热管理系统、环境温度（过低）、线路问题、动力电池等，有时候车辆运行时间过长也会导致显示故障信息。

7.1.3.2 主要故障

（1）零部件故障

包括电动水泵、冷却管路、散热器等。

（2）线路或传感器故障

当车辆 BMS 系统报警进、出水口温度数据异常时，应该检查 BMS 系统及线束连接是否正常。如果异常，检查线束；否则，可判断水温传感器故障，需更换水温传感器。

（3）温度采集数据异常

当车辆 BMS 系统报警温度采集数据异常时，需检查报警提示对应编号的模组，可目视认真检查动力电池模组是否有异常（例如断裂、开焊等），如果没有故障，通常用更换 BIC 的方法来排除故障。

例如，动力电池单节温度严重过高，那么可以停止充放电，将车辆放置在常温环境下，静置 12h 后，执行故障诊断，进入电池管理系统的"数据流"模块，如果读取到"最高温度"大于 65℃，需将电池包拆卸检修，必要时更换动力电池。

7.1.3.3 故障案例

（1）故障案例 1

❶ 故障信息。某比亚迪唐电动汽车，打开空调，用 EV 模式行驶时会偶发性进入 HEV 模式。该车曾经因维修其他项目拆卸过发动机总成。

❷ 解决思路：

a. 散热系统故障；

b. 空调系统故障；

c. 水道系统故障。

❸ 故障诊断。

a. 连接故障诊断仪，执行诊断：读取故障码为 B1236，内容为冷却液温度过热。

b. 经检查，无漏水；读取数据流，正常；电动水泵亦工作正常；高压电系统也正常。用新的 PTC 装车测试，一样。

❹ 故障确定与排除。检查冷却系统管路，发现 PTC 水管与旁边的电动水泵

水管对调了（原因是之前拆卸过发动机总成）。调整水管后故障排除。冷却管路见图7.1-23。

图 7.1-23　冷却管路

❺ 故障小结。有些电动汽车和混合动力汽车的冷却系统管路比较复杂，如果不熟悉其安装结构和水道走向，可能就会装差，尤其是形状相似的管路。所以在拆装时有必要用记号笔对水管做出标记，以免在维修中走弯路。

（2）故障案例2

❶ 故障信息。某比亚迪唐100混合动力汽车，使用EV模式行驶，自动切换为HEV模式。发动机启动，仪表提示"EV功能受限""请检查充电系统"。

❷ 故障诊断。连接故障诊断仪，执行故障诊断，DC/DC故障码显示：P1EE 000，内容为散热器过温；读取数据流，温度为94℃，为异常。

❸ 解决思路：

a. 冷却液不足；

b. 电子风扇故障；

c. 电动水泵及线路故障；

d. DC/DC故障。

❹ 故障检查。

a. 检查冷却液液面高度，正常；电子风扇运转，正常；散热器外观，正常。

b. 用手触摸前电控进出水管，温度差别不大，且两根水管的温度都比较低，认为故障是冷却液不循环导致。

c. 检查发现电机控制器冷却水泵保险已熔断，更换保险片后试车故障依旧，且保险再次熔断，表明电动水泵及相关线路有问题。

❺ 故障确定与排除。

a. 故障确定：拆开水泵附近的左前轮挡泥板，发现车辆水泵附近位置发生过碰撞，其中一个电动水泵因碰撞导致其接插器变形，针脚短路。

b. 故障排除：更换电动水泵，故障排除。

（3）故障案例3

❶ 故障信息。某比亚迪唐DM混合动力汽车，EV功能受限。车辆行驶中，无法使用EV行驶。

❷ 解决思路：

a. 电池冷却液不足；

b. 电池热管理系统故障；

c. BMS故障；

d. 其他相关高压部件故障。

❸ 故障诊断。连接故障诊断仪，执行故障诊断，读取故障码，为当前故障，且无法删除。

电池加热器：a. 冷却液温度过高；b. 驱动组件故障；c. $1^{\#}$IGBT驱动芯片功能失效（图7.1-24）。BMS：预充失败故障（图7.1-25）。

图7.1-24 电池加热器故障

图 7.1-25　BMS 预充失败故障

读取电池加热器数据流：a. 冷却液温度 80℃；b. IGBT 状态为短路。

④ 故障检查。

a. 检查驱动电池散热水泵，水壶处有水流动，冷却液也充足。

b. 检查电池加热器总成低压接插件和水温传感器接插件，无异常。

⑤ 故障检测。

a. 整车退电后，将低压电池负极卸下。

b. 静置 10min 后，测量电池加热器阻值和电压。阻值：正测 0.86Ω，反测 0.87Ω。电压：正测 1.70V，反测 1.70V（而该车正常电压降正测 0V，反测 > 0.4V），说明异常。

⑥ 故障确定与排除。

a. 故障确定：判断 IGBT 短路，一直加热导致电池包温度过高，无法预充完成，电动压缩机也不能工作，无法冷却动力电池包。

b. 故障排除：更换电池加热器，故障排除。

⑦ 故障小结。车辆在上电时，BMS 自检发现电池温度过高和电池加热器有短路现象，这样就判定预充条件不满足正常要求，故报预充失败，禁止启动高压系统。

7.1.4　电池采样故障

7.1.4.1　电池信息采集器

各种车系的动力电池管理硬件和策略有所不同，例如如图 7.1-26 所示的是比亚迪新能源汽车很多款车型设计的分布式电池管理系统，其由 1 个电池管理控制器（BMC）和 13 个电池信息采集器（BIC）及 1 套动力电池采样线组成。

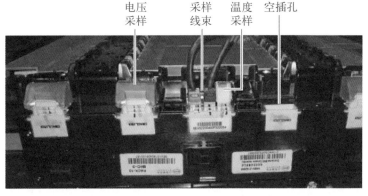

图 7.1-26　比亚迪新能源汽车很多款车型设计的分布式电池管理系统

❶ 电池管理控制器主要实现充 / 放电管理、接触器控制、功率控制、电池异常状态报警和保护、SOC/SOH 计算、自检以及通信功能等。

❷ 电池信息采集器的主要功能有电池电压采样、温度采样、电池均衡、采样线异常检测等。

❸ 动力电池采样线的主要功能是连接电池管理控制器和电池信息采集器，实现两者之间的通信及信息交换。

7.1.4.2　故障案例

（1）故障案例 1

❶ 故障信息。某比亚迪唐 DM 混合动力汽车，车辆无 EV 模式，仪表显示 EV 功能受限（图 7.1-27）。

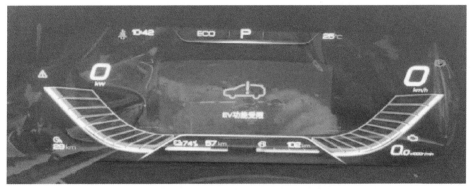

图 7.1-27　仪表显示 EV 功能受限

❷ 解决思路：

a. 各高压模块故障；

b. 高压 BMS 故障；

c. 相关低压供电或控制线路故障。

❸ 故障诊断。连接故障诊断仪，执行故障诊断。

a. 读取故障码为 P1D7100：高压系统故障 -BMS 放电不允许（图 7.1-28）。

图 7.1-28　故障码

b. 查看异常启动发动机原因：动力电池放电功率过低，主接触器断开，动力电池放电不允许等（图 7.1-29）。

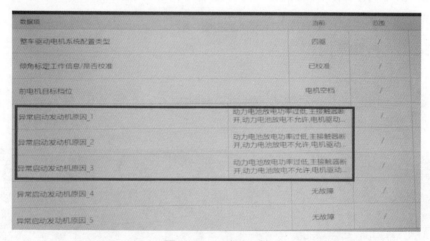

图 7.1-29　数据流

❹ 故障判断。因整车控制器所报故障码及 BMS 应答超时（图 7.1-30），初步判断故障所致原因：BMS 未能采集到动力电池电压、温度、绝缘阻值、互锁等相关信息，故无法完成上高压电控制，导致无 EV。

❺ 故障检测。

a. 根据 BMS 应答超时，测量 BMS 常电保险、高压 BMS 保险和高压动力电池包保险，均正常。

图 7.1-30　BMS 应答超时

b. 拆卸高压配电箱，进一步测量电池管理器：CAN-H 电压为 2.6V；CAN-L 电压为 2.3V；相关针脚供电有 13.5V 电压；接地也正常。

❻ 故障确定与排除。

a. 故障确定：断开动力电池包低压接插件并短接互锁后，使用故障诊断仪可以正常进入电池管理器，且读取故障信息（图 7.1-31）。这样确定为动力电池包内部通信转换模块或采集器故障。

b. 故障排除：更换动力电池包，故障排除。

图 7.1-31　断开动力电池低压接插件后读取的 BIC 故障信息

（2）故障案例 2

❶ 故障信息。某比亚迪唐 EV 电动汽车功能受限。该车上电后，仪表提示"EV 功能受限"。

❷ 解决思路：

a. 高压系统零部件故障；

b. 低压模块控制故障；

c. 线束故障；

d. 软件故障。

❸ 故障诊断。

a. 用故障诊断仪执行诊断，并读取系统故障码，显示 BMS 报 BIC 电压采样异常故障和工作异常故障（图 7.1-32）。

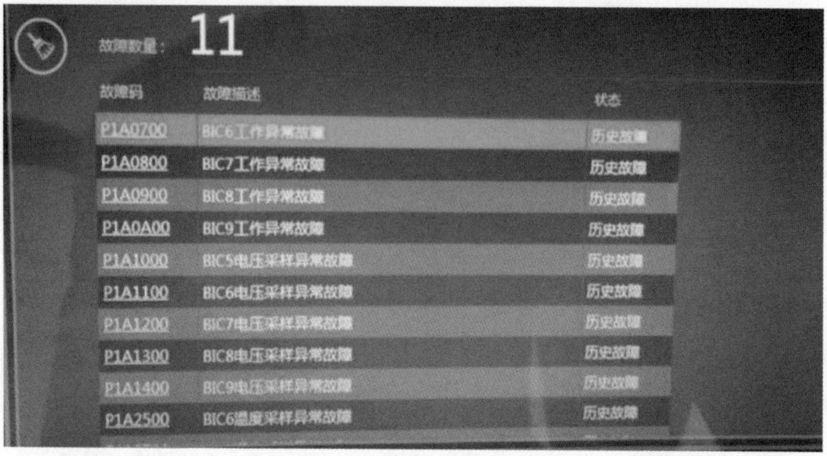

图 7.1-32　BIC 异常故障

b. 读取 BMS 数据流里的采样信息，显示对应动力电池的单节电池的采样异常（图 7.1-33）。

❹ 故障排除。更换动力电池，故障排除。

图 7.1-33　电池电压采样状态

7.2 驱动电机系统故障诊断与排除

7.2.1 驱动电机系统机械故障

7.2.1.1 故障类型

（1）机械外伤

❶ 机械外伤导致的故障现象。机械外伤会导致车辆起步和行驶过程中异响、振动及抖动。

❷ 机械外伤故障点。

a. 如图 7.2-1 所示的驱动总成机座胶套老化、开裂。

b. 由于外力撞击导致驱动总成（驱动电机、变速器）悬架开裂、变形。

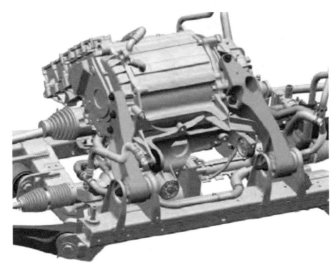

图 7.2-1　驱动总成机座（支撑）

（2）驱动电机轴承损伤

❶ 驱动电机转子轴承磨损，运行时会导致异响。

❷ 驱动电机的定子与转子轴以及轴承损伤会导致驱动电机扫膛的故障。

（3）驱动电机运行温度过高

电动水泵是驱动电机运行温度过高的主要故障原因之一。

（4）驱动电机气隙导致的异响

❶ 电机气隙异常会导致电机运行时有比较沉闷的低频电磁异常声响。

❷ 电机气隙导致的异响随电机电压升高而响声增大。

❸ 电机气隙严重异常时会有振动异响，同时电机温度异常升高。

小贴士

电机气隙是指电机定子与转子之间的间隙，见图 7.2-2。

电机气隙理论上是均匀的，但实际上定子与转子之间的间隙是不均匀的，中小型电机气隙一般为 0.2 ~ 1.5mm

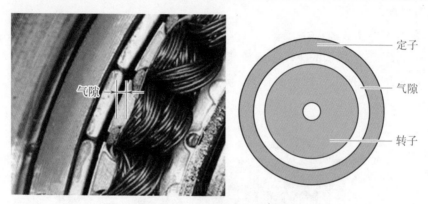

图 7.2-2　电机气隙

7.2.1.2　故障案例

（1）故障信息

某比亚迪唐电动汽车，变速器功能受限，HEV 和 EV 功能不可用；启动车辆挂挡，车辆有异响。

（2）解决思路

❶ 变速器机械故障。

❷ 变速器 TCU 故障。

❸ 线束和接插件故障，以及其他故障。

（3）故障诊断

❶ 根据反映的故障情况进行查看发现，如图 7.2-3 所示仪表显示 EV 功能受限。

❷ 使用故障诊断仪对车辆进行检测，发现变速器系统有故障，故障码为

P1687，内容为 EV2 挡硬件失效。

图 7.2-3 EV 功能受限

（4）故障检查

用举升机举起车辆，挂挡运行，这时检查发现右半轴有异响。

（5）故障确定和排除

根据检查的情况，基本可判断为变速器机械故障。进一步检查发现，如图 7.2-4 所示，差速器轴和中间轴半轴花键磨损，无法咬合，故产生异响。

更换差速器半轴和中间轴半轴试车，故障排除。

图 7.2-4 半轴花键磨损

7.2.2 驱动电机系统电路故障

7.2.2.1 故障类型

（1）电机故障

电流调节故障，电机性能检查，主动短路或空转条件不满足，转子偏移角等。

（2）总线故障

包括 CAN 内存检测，总线超时，报文长度、校验，收发计数器。

（3）硬件故障

相电流过流诊断、直流母线电压过压、高/低压供电故障、处理器监控等。

7.2.2.2　驱动电机系统电路检测

（1）电路检查

❶ 首先对易于接触或能够看到的系统部件进行直观检查来排除和缩小范围。

检查易于接触或能够看到的系统部件，或者易于直观判断的部件（如熔断丝），以查明其是否有明显损坏或存在可能导致故障的情况。

❷ 检查高压线束连接器是否松动，内部是否有锈蚀的迹象。

❸ 排除以上简单直观的故障，然后重点利用检测手段（如利用万用表、兆欧表检测等），来确定和排除配电系统的相关回路故障。

（2）驱动电机系统电路图

要熟悉各驱动电机系统的接插器（连接器），以及驱动电机系统电路的连接走向。如图 7.2-5 和图 7.2-6 所示是驱动电机控制系统检测电路。

驱动电机系统线束连接器见表 7.2-1；整车控制器线束连接器见表 7.2-2。通常利用维修电路进行各相关接插器端子之间的测量，来判断和确定线路障点。

表 7.2-1　驱动电机系统线束连接器

代号	插接器	图示	端子号	连接走向（端子定义）
FB80	驱动电机控制器线束连接器	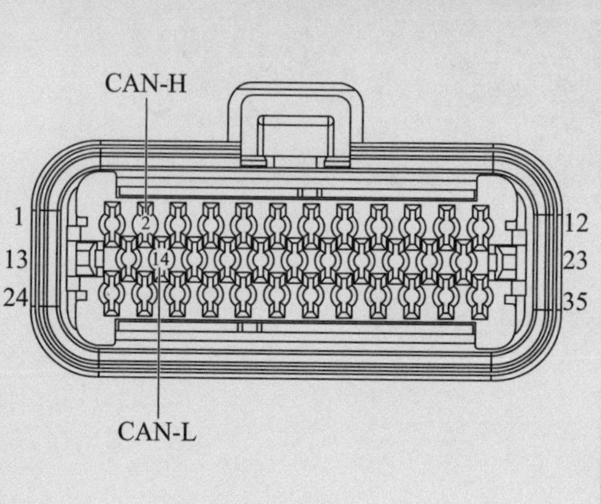 CAN-H … CAN-L	2	ECAN-H
			3	电机温度信号 1+
			4	电机温度信号 2+
			5	电机旋变信号 sin+
			6	电机旋变信号 cos+
			7	电机励磁信号 +
			11	供电
			12	供电

代号	插接器	图示	端子号	连接走向（端子定义）
FB80	驱动电机控制器线束连接器	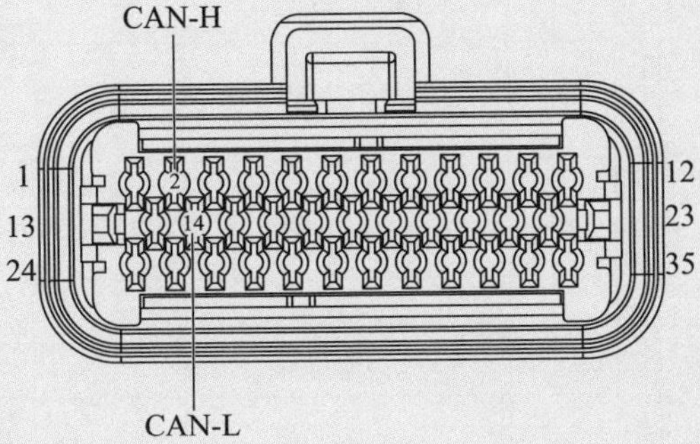 CAN-H　CAN-L	14	ECAN-L
			15	电机温度信号 1-
			16	电机温度信号 2-
			17	电机旋变信号 sin-
			18	电机旋变信号 cos-
			19	电机励磁信号 -
			22	接地
			23	接地
			31	高压互锁输出信号
			32	高压互锁输入信号
FB82	驱动电机接插器	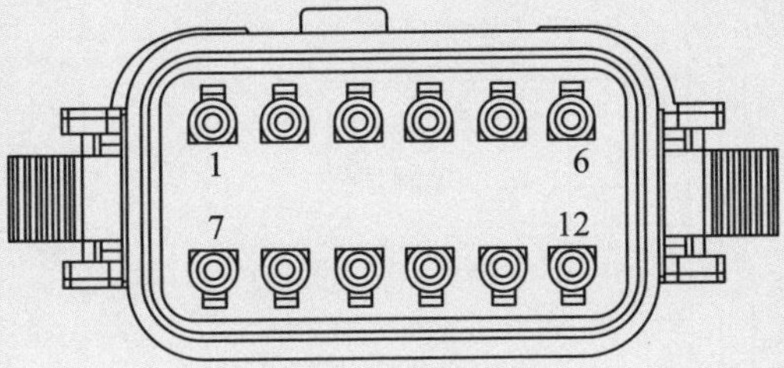	1	电机励磁信号 +
			2	电机励磁信号 -
			3	电机旋变信号 sin+
			4	电机旋变信号 sin-
			5	电机旋变信号 cos+
			6	电机旋变信号 cos-
			7	电机温度信号 1+
			8	电机温度信号 1+
			9	电机温度信号 2-
			10	电机温度信号 2-
			11	电机旋变信号 sin 屏蔽线
			12	电机旋变信号 cos 屏蔽线

表 7.2-2　整车控制器线束连接器

代号	车身控制器	端子号	线别作用 （端子定义）	端子号	线别作用 （端子定义）
FB51		3	低速风扇继电器 控制信号	47	大气压力传感器 5V 电源
		11	大气压力传感器信号	54	D 挡信号
		12	高压互锁使能信号	59	电机温度传 感器接地
		14	高速风扇继电器 控制信号	60	加速踏板位置 传感器接地 1
		21	大气压力 传感器接地	61	制动位置传感器 5V 电源
		26	定速巡航开关信号	63	加速踏板位置 传感器 5V 电源 2
		28	电机温度传感器信号	65	R 挡信号
		43	制动位置传感器接地	66	N 挡信号
		44	定速巡航开关接地	71	制动位置 传感器信号
FB50		1	接地	42	制动开关常开信号
		9	充电指示灯（绿色）	43	制动开关常闭信号
		10	充电指示灯（红色）	44	P 挡信号
		11	整车控制器主继电器 控制信号	45	低压辅助电源 +
		15	充电指示灯（黄色）	46	ACC 电源
		16	电子真空泵继电器 控制信号	48	启动控制信号
		25	制动真空度传感器 5V 电源	49	高压使能反馈
		26	制动真空度 传感器接地	56	制动真空度传感器 压力信号

代号	车身控制器	端子号	线别作用（端子定义）	端子号	线别作用（端子定义）
FB50	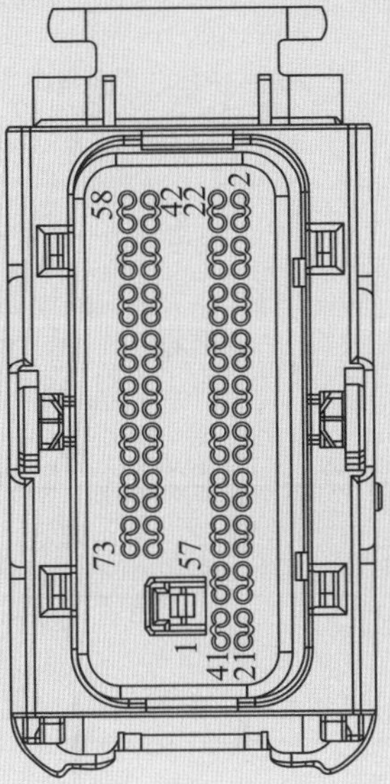	27	加速踏板位置传感器 5V 电源 1	57	PCAN-H
		28	加速踏板位置传感器接地 1	60	供电
		32	接地	66	供电
		33	接地	71	ECAN-H
		35	加速踏板位置传感器信号 1	72	ECAN-L
		36	加速踏板位置传感器信号 2	73	PCAN-L
		38	充电连接确认		

（3）整车 CNA 关闭故障

整车 CNA（CAN1）关闭故障，需要重点检查终端电阻。

检测要点：关闭启动开关。断开电机控制器线束连接器。按照表 7.2-3 所示，结合图 7.2-6，检测终端电阻。如果不符合应测得结果要求，那么应该维修或更换线束。如果检测线束没有问题，检查驱动电机控制器的供电接地电路也正常，那么就可以判断问题就出在驱动电机控制器上了。

表 7.2-3 检查终端电阻

检查的零部件			万用表表笔探测的两端子		检测条件	状态	应测得结果
连接器	代号	图示	黑 / 红表笔连接	红 / 黑表笔连接			
电机控制器线束连接器	FB80	见表 7.2-1	FB80/2	FB80/14	下电	电阻	60Ω 左右

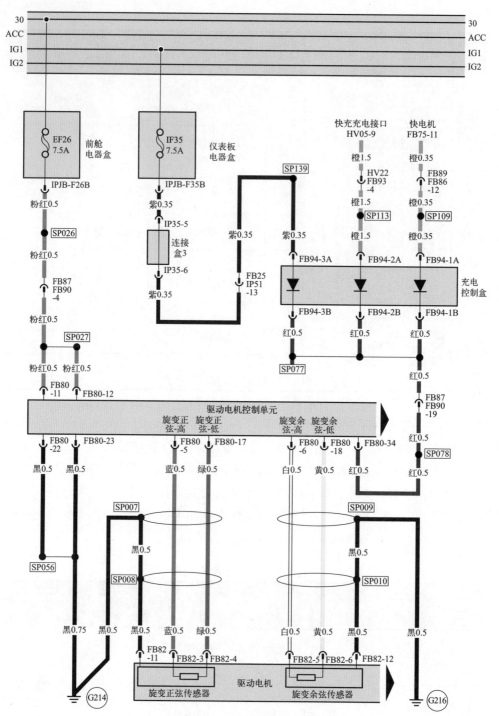

图 7.2-5 驱动电机控制系统检测电路（一）

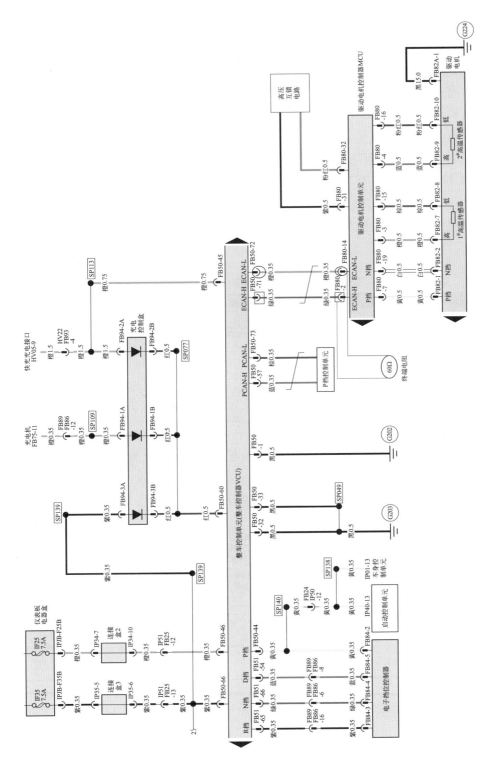

图 7.2-6 驱动电机控制系统检测电路 (二)

（4）低压电池欠压 / 过压故障

❶ 检查蓄电池电压，检查和排除以下问题导致的欠压 / 过压故障。

a. 蓄电池电压。

b. 蓄电池充电或检查充电系统。

c. 检查电机控制器熔丝。本例中，熔丝为图 7.2-5 中的 EF26，是位于前机舱熔断器内的 7.5A 熔丝。

若以上情况都没有问题，那么需要检查电机控制器电源电路。

❷ 检查电机控制器电源电路。检测要点：关闭启动开关，断开电机控制器线束连接器，然后打开启动开关。按照表 7.2-4 所示，结合图 7.2-5，检测其电压。如果不符合应测得结果要求，那么应该维修或更换线束。如果检测线束没有问题，则需要检查电机控制器接地电路。

表 7.2-4　检测电机控制器电源电路

检查的零部件			万用表表笔探测的两端子		检测条件	状态	应测得结果
连接器	代号	图示	黑 / 红表笔连接	红 / 黑表笔连接	上电	电压	14V 左右
电机控制器线束连接器	FB80	见表 7.2-1	FB80/11	FB80/12			

❸ 检查电机控制器接地电路。检测要点：关闭启动开关。按照表 7.2-5 所示，结合图 7.2-5，检测其电阻。如果不符合应测得结果要求，那么应该维修或更换线束。如果线束正常，则更换电机控制器。

表 7.2-5　检测电机控制器接地电路

检查的零部件			万用表表笔探测的两端子		检测条件	状态	应测得结果
连接器	代号	图示	红表笔连接	黑表笔连接	下电	电阻	约＜ 1Ω
电机控制器线束连接器	FB80	见表 7.2-1	FB80/22	车身			
	FB80	见表 7.2-1	FB80/23	车身	下电	电阻	约＜ 1Ω

（5）电机绕组温度采样信号故障。电机绕组温度采样信号故障有：电机绕组温度采样欠温；电机绕组温度采样过温；电机绕组温度采样信号对地短路和

电机绕组温度采样信号对正极短路。

❶ 检查电机绕组温度采样信号电路是否断路。检测要点：关闭启动开关。断开驱动电机线束连接器；断开驱动电机控制器线束连接器。按照表 7.2-6 所示，结合图 7.2-6，检测其电阻。应符合应测得结果要求，否则维修或更换线束。如果线束正常，则按照表 7.2-7 检测电机绕组温度采样信号电路是否短路问题。

表 7.2-6　检测电机绕组温度采样信号电路断路

检查的零部件			万用表表笔探测的两端子			检测条件	状态	应测得结果
连接器	代号	图示	黑 / 红表笔连接		红 / 黑表笔连接			
驱动电机线束连接器	FB82	见表 7.2-1	1 号温度传感器	FB82/7	FB80/3	下电	电阻	约< 1Ω
				FB82/8	FB80/15			
电机控制器线束连接器	FB80	见表 7.2-1	2 号温度传感器	FB82/10	FB80/16	下电	电阻	约< 1Ω
				FB82/9	FB80/4			

❷ 检查电机绕组温度采样信号电路是否对地短路。

表 7.2-7　检测电机绕组温度采样信号电路对地短路

检查的零部件			万用表表笔探测的两端子			检测条件	状态	应测得结果
连接器	代号	图示	红表笔连接		黑表笔连接			
驱动电机线束连接器	FB82	见表 7.2-1	1 号温度传感器	FB82/7	车身	下电	电阻	≥ 10kΩ
				FB82/8	车身			
电机控制器线束连接器	FB80	见表 7.2-1	2 号温度传感器	FB82/9	车身	下电	电阻	≥ 10kΩ
				FB82/10	车身			

❸ 检查电机绕组温度采样信号电路是否对电源短路。

使用万用表探测的端子与表 7.2-7 连接的端子一样，但测量改为电压，正常应该为 0。

如果不符合应测得结果要求，那么应该维修或更换线束。如果线束正常，则维修或更换驱动电机（温度传感器是集成在驱动电机定子上的，不可单独更换，通常用更换驱动电机的方法来解决）。

（6）旋转变压器（旋变传感器）激励信号异常

❶ 检查旋转变压器激励信号电路是否断路。检测要点：关闭启动开关。断开驱动电机线束连接器；断开驱动电机控制器线束连接器。按照表7.2-8所示，结合图7.2-5，检测其电阻。应符合应测得结果要求，否则维修或更换线束。如果线束正常，则需检查旋转变压器激励信号电路是否有短路问题。

表7.2-8　检查旋转变压器激励信号电路断路

检查的零部件			万用表表笔探测的两端子		检测条件	状态	应测得结果
连接器	代号	图示	红/黑表笔连接	黑/红表笔连接			
电机控制器线束连接器	FB80	见表7.2-1	FB80/7	FB82/1	下电	电阻	约<1Ω
驱动电机线束连接器	FB82	见表7.2-1	FB82/2	FB80/19	下电	电阻	约<1Ω

❷ 检查旋转变压器激励信号电路是否对地短路。

表7.2-9　检查旋转变压器激励信号电路短路

检查的零部件			万用表表笔探测的两端子		检测条件	状态	应测得结果
连接器	代号	图示	红表笔连接	黑表笔连接			
电机控制器线束连接器	FB80	见表7.2-1	FB80/1	车身	下电	电阻	≥10kΩ
驱动电机线束连接器	FB82	见表7.2-1	FB82/2	车身	下电	电阻	≥10kΩ

❸ 检查旋转变压器激励信号电路是否对电源短路。使用万用表探测的端子与表7.2-9所示的端子一样，打开启动开关，测量改为电压，正常应该为0。

如果不符合应测得结果要求，那么应该维修或更换线束。如果线束正常，则维修或更换驱动电机。

（7）旋转变压器（旋变传感器）正/余弦信号异常

旋转变压器（旋变传感器）正/余弦信号异常：旋转变压器cos（余弦）异

常；旋转变压器 cos 信号采样信号对 VCC 短路；旋转变压器 sin 信号采样信号对 VCC 短路；旋转变压器 sin 信号对接地短路等。

❶ 检查旋转变压器正 / 余弦接地电路。检测要点：关闭启动开关。断开驱动电机线束连接器；断开驱动电机控制器线束连接器。按照表 7.2-10 所示，结合图 7.2-5，检测其电阻。应符合应测得结果要求，否则维修或更换线束。如果线束正常，则需检查旋转变压器正弦信号电路是否存在断路和短路问题。

表 7.2-10　检查旋转变压器正 / 余弦接地电路

检查的零部件			万用表表笔探测的两端子		检测条件	状态	应测得结果
连接器	代号	图示	红表笔连接	黑表笔连接			
驱动电机线束连接器	FB82	见表7.2-1	正弦 FB82/11	车身	下电	电阻	约< 1Ω
驱动电机线束连接器	FB82	见表7.2-1	余弦 FB82/12	车身	下电	电阻	约< 1Ω

❷ 检查旋转变压器正 / 余弦信号电路是否断路。检测要点：关闭启动开关。断开驱动电机线束连接器；断开驱动电机控制器线束连接器。按照表 7.2-11 所示，结合图 7.2-5，检测其电阻。应符合应测得结果要求，否则维修或更换线束。如果线束正常，则检查短路情况。

表 7.2-11　检查旋转变压器正 / 余弦信号电路是否断路

检查的零部件			万用表表笔探测的两端子			检测条件	状态	应测得结果
连接器	代号	图示	红表笔连接		黑表笔连接	下电	电阻	约< 1Ω
驱动电机线束连接器	FB82	见表 7.2-1	正弦	FB82/11	FB80/5			
				FB82/4	FB80/17	下电	电阻	
电机控制器线束连接器	FB80	见表 7.2-1	余弦	FB82/5	FB80/6	下电	电阻	约< 1Ω
				FB82/6	FB80/18	下电	电阻	

❸ 检查旋转变压器正 / 余弦信号电路是否对地短路。检测要点：关闭启动开关。断开驱动电机线束连接器；断开驱动电机控制器线束连接器。按照表 7.2-12 所示，结合图 7.2-5，检测其电阻。应符合应测得结果要求，否则维修或更换线束。如果线束正常，则检查对电源是否短路。

表 7.2-12　检查旋转变压器正 / 余弦信号电路对地短路

检查的零部件			万用表表笔探测的两端子			检测条件	状态	应测得结果
连接器	代号	图示	红表笔连接		黑表笔连接	下电	电阻	≥ 10kΩ
驱动电机线束连接器	FB82	见表 7.2-1	正弦	FB82/3	车身	下电	电阻	
				FB82/4	车身	下电	电阻	
电机控制器线束连接器	FB80	见表 7.2-1	余弦	FB82/5	车身	下电	电阻	≥ 10kΩ
				FB82/6	车身	下电	电阻	

❹ 检查旋转变压器正 / 余弦信号电路是否对电源短路。检测要点：关闭启动开关。断开驱动电机线束连接器；断开驱动电机控制器线束连接器。然后打开启动开关，按照表 7.2-13 所示，结合图 7.2-5，检测其电压。应符合应测得结果要求，否则维修或更换线束。如果线束正常，则维修或更换驱动电机。

表 7.2-13　检查旋转变压器正 / 余弦信号电路对电源短路

检查的零部件			万用表表笔探测的两端子			检测条件	状态	应测得结果
连接器	代号	图示	红表笔连接		黑表笔连接	下电	电压	
驱动电机线束连接器	FB82	见表 7.2-1	正弦	FB82/3	车身			0
				FB82/4	车身	下电	电压	
电机控制器线束连接器	FB80	见表 7.2-1	余弦	FB82/5	车身	下电	电压	0
				FB82/6	车身	下电	电压	

7.2.3　驱动电机系统控制器故障

（1）电机控制器控制过程

电机控制器将来自动力电池的高压直流电转化为高压三相交流电，输出至驱动电机，通过控制高压三相交流电的变化，控制驱动电机的输出扭矩。

在控制过程中，电机控制器基本功能如下。

❶ 控制驱动电机驱动机械负载，执行来自 VCU 的目标扭矩命令。

❷ 通过高速 CAN 总线和其他节点进行数据交换。

❸ 系统实现自我保护，保护自身不被损坏，如过温保护、过压欠压保护和过流保护等。

❹ 控制高压系统的电压和电流。

❺ 在 VCU 命令下对高压母线进行紧急放电和常规放电。

❻ 估算电机输出转矩。

❼ 估算电机转子温度。

（2）电路检测

如果整车控制器 VCU 报文超时故障，需要重点检查电机控制器与整车控制器之间的 CAN 总线。

检测要点：关闭启动开关。断开电机控制器线束连接器；断开整车控制器线束连接器。按照表 7.2-14 所示，结合图 7.2-6，检测其电路电阻情况。如果不符合应测得结果要求，那么应该维修或更换线束。如果检测线束没有问题，检查整车控制器的供电接地电路也正常，那么问题就出在整车控制器上。

表 7.2-14　检测电机控制器与整车控制器之间的 CAN 通信

检查的零部件			万用表表笔探测的两端子		检测条件	状态	应测得结果
连接器	代号	图示	黑 / 红表笔连接	红 / 黑表笔连接			
电机控制器线束连接器	FB80	见表 7.2-1	FB80/2	FB50/71	下电	电阻	约＜1Ω
整车控制器线束连接器	FB50	见表 7.2-2	FB50/14	FB80/72	下电	电阻	约＜1Ω

（3）驱动电机控制故障诊断（表 7.2-15）

表 7.2-15　驱动电机控制故障诊断

故障码	故障信息 / 生成此故障码的原因	检查方法 / 故障范围
P1BB000	前驱动电机过流	检查整车是否能够正常上 OK 电，如不能则首先更换驱动电机控制器
P1BB200	前驱动电机一般过温告警	①检查整车冷却系统是否异常，散热风扇、水泵是否正常工作，冷却液加注是否到位，冷却液是否正常循环 ②如冷却系统无故障，则将车辆静置 2h 后开至空旷场地，正常行驶 10min 左右；如果故障重现，待整车冷却至常温后拆除电机控制器与驱动电机铜排连接处端盖，测量电机绕组温度传感器阻值是否在正常范围内（旋变接插件相关两个针脚之间阻值，阻值见表 7.2-16） ③如果阻值不在正常范围内，且接插件连接无异常，则更换前驱动电机总成
P1BB298	前驱动电机严重过温告警	
P1BB300	前驱动电机控制器 IGBT-NTC 一般过温告警	检查整车冷却系统是否异常，散热风扇、水泵是否正常工作，冷却液加注是否到位，冷却液是否正常循环
P1BAC00	前驱动电机控制器 IGBT 核心温度一般过温告警	
P1BB319	前驱动电机控制器 IGBT-NTC 严重过温告警（关波）	
P1BAC19	前驱动电机控制器 IGBT 核心温度严重过温告警（关波）	
P1BB500	前驱动电机控制器高压欠压	①检查整车能否正常上 OK 电，如果能上 OK 电则将故障码清除后正常行驶 10min，使用故障诊断仪观察电池管理器数据流直流母线电压是否在 420 ~ 705.6V 范围内，是否有相关故障码；如果故障重现，且电压超过正常范围，则排查动力电池及充配电三合一 ②如果整车无法上 OK 电，则排查动力电池及充配电三合一
P1BB600	前驱动电机控制器高压过压	
P1BB700	前驱动电机控制器电压采样故障	更换驱动电机控制器

故障码	故障信息 / 生成此故障码的原因	检查方法 / 故障范围
P1BB800	前驱动电机控制器碰撞信号故障	①断开再重新连接低压蓄电池，观察故障能否清除，如果无法清除则继续以下步骤 ②检查 SRS-ECU 模块、低压线束、接插件是否正常
P1BBAOO	前驱动电机控制器 EEPROM 错误	更换驱动电机控制器
P1BBDOO	前驱动电机控制器主动泄放故障	清除故障码，整车重新上退电，如果故障重现，使用故障诊断仪检查动力电池主接触器是否烧结
P1BBFOO	前驱动电机旋变故障——信号丢失	①拆除驱动电机控制器与驱动电机三相铜排连接处端盖，测量电机旋变接插件阻值 [正常为：励磁正负之间万用表测量阻值（14.5±2.0）Ω，sin 正负之间万用表测量阻值（36±4）Ω，cos 正负之间万用表测量阻值（42±4）Ω，若阻值不正常则更换前驱动电机总成] ②如果电机旋变接插件阻值正常，则更换驱动电机控制器
P1BCOOO	前驱动电机旋变故障——角度异常	
PIBCIOO	前驱动电机旋变故障——信号幅值减弱	
P1BC200	前驱动电机缺 A 相	①更换驱动电机控制器，观察能否上 OK 电 ②如果无法上 OK 电，更换前驱动电机总成
P1BC300	前驱动电机缺 B 相	
P1BC400	前驱动电机缺 C 相	
P1BC900	前驱动电机控制器电流霍尔传感器 A 故障	更换驱动电机控制器
P1BC500	前驱动电机控制器电流霍尔传感器 B 故障	
P1BC600	前驱动电机控制器电流霍尔传感器 C 故障	
P1BC800	前驱动电机控制器 IGBT 三相温度校验故障报警	检查整车冷却系统是否异常，散热风扇、水泵是否正常工作，冷却液加注是否到位，冷却液是否正常循环
U014187	与整车控制器通信故障	①检测低压线束和低压接插件是否有退针、断线问题，低压供电是否正常，低压蓄电池电压是否为 9 ～ 16V ②测量整车控制器 CAN 线电压，CAN-H 正常电压应为 2.5 ～ 3.5V，CAN-L 电压应为 1.5 ～ 2.5V ③如果确认上述无问题，且 VDS 读取到整车控制器存在故障，则进一步排查或更换整车控制器

故障码	故障信息 / 生成此故障码的原因	检查方法 / 故障范围
P1BD119	前驱动电机控制器驱动 CPLD 过流故障	①清除故障码后若能正常点亮 OK 灯，则将车辆开至空旷场地进行整车急加速和急减速行驶，如果故障重现则更换驱动电机控制器 ②如果 OK 灯无法点亮，则直接更换驱动电机控制器
P1BD117	前驱动电机控制器驱动 CPLD 过压故障	①清除故障码后若能正常点亮 OK 灯，则将车辆开至空旷场地进行整车急加速和急减速行驶，如果故障重现则更换驱动电机控制器 ②如果 OK 灯无法点亮，则直接更换驱动电机控制器
P1BD000	前驱动电机控制器驱动 DSP1 死机故障	①清除故障码后若能正常点亮 OK 灯，则将车辆开至空旷场地进行整车急加速和急减速行驶，如果故障重现则更换驱动电机控制器 ②如果 OK 灯无法点亮，则直接更换驱动电机控制器
P1BD400	前驱动电机控制器驱动 CPLD 运行故障	①清除故障码后若能正常点亮 OK 灯，则将车辆开至空旷场地进行整车急加速和急减速行驶，若故障重现则更换驱动电机控制器 ②如果 OK 灯无法点亮，则直接更换驱动电机控制器
P1BD200	前驱动电机控制器驱动 CPLD 检测 IGBT 上桥报错故障	①清除故障码后若能正常点亮 OK 灯，则将车辆开至空旷场地进行整车急加速和急减速行驶，若故障重现则更换驱动电机控制器 ②如果 OK 灯无法点亮，则直接更换驱动电机控制器
P1BD300	前驱动电机控制器驱动 CPLD 检测 IGBT 下桥报错故障	①清除故障码后若能正常点亮 OK 灯，则将车辆开至空旷场地进行整车急加速和急减速行驶，若故障重现则更换驱动电机控制器 ②如果 OK 灯无法点亮，则直接更换驱动电机控制器
P1B2516	低压蓄电池电压过低	①检查低压蓄电池电压是否正常（正常为 9~16V） ②检查低压配电保险、线路连通性是否正常 ③检查 DC 系统是否正常工作
P1B2517	低压蓄电池电压过高	
U011100	与 BMC 通信故障	电池管理器

故障码	故障信息 / 生成此故障码的原因	检查方法 / 故障范围
U015129	电机控制器接收 SRS CAN 信号异常	①检查 SRS-ECU 低压接插件、低压线束是否有退针、断线等异常现象 ②读取整车故障码，若同时存在多个模块通信异常，则排查网关是否正常 ③如果上述无异常且排查 SRS 模块正常，则更换 SRS-ECU 控制器
UO15229	电机控制器接收 SRS 硬线信号异常	①检查 SRS-ECU 低压接插件、低压线束是否有退针、断线等异常现象 ②如果上一步检查无异常且排查 SRS 模块正常，则更换 SRS-ECU 控制器
PIBBIOO	前驱动电机控制器 IPM 故障	更换驱动电机控制器
P1BF900	备用电源故障	更换驱动电机控制器
P1BC700	前驱动电机控制器 IPM 散热器过温故障	①将车辆静置 2h 后观察故障是否恢复，如果无法恢复，继续以下步骤 ②检查驱动电机控制器冷却系统是否异常，散热风扇、水泵是否正常工作，冷却液加注是否到位，冷却液是否正常循环 ③确认冷却系统无异常后，更换驱动电机控制器
P1BF200	前驱动电机绕组温度传感器采样异常	①重新上电后若故障无法清除，则拆除驱动电机控制器与驱动电机三相铜排连接处端盖，测量电机绕组温度传感器阻值是否在正常范围内 ②如果阻值不在正常范围内，则更换前驱动电机总成
P1BF100	前驱动电机控制器 IPM 温度采样异常	重新上电后若故障无法清除，则更换驱动电机控制器

表 7.2-16 电阻与温度关系对照

温度 /℃	标准电阻 /kΩ
−30	2280
−20	1190
−10	646.9
0	364.9
10	212.5

温度 /℃	标准电阻 /kΩ
20	127.7
30	78.88
40	50.04

7.2.4　驱动电机故障案例

7.2.4.1　旋变传感器检测

案例 1：

（1）故障信息

车辆仪表提示"请检查发电系统"。

（2）故障思路

❶ BSG 电机故障。

❷ BSG 电机控制器故障。

❸ 相关线束故障。

（3）故障诊断

❶ 用故障诊断仪执行车辆诊断，显示电机故障和旋变故障。

❷ 根据故障码对 BSG 电机线束端接插件进行检查，发现无松动、退针现象。根据针脚定义对电机旋变信号进行测量，测量结果无异常。

BSG 驱动电机旋变故障排查方法，列举接插器连接端子见表 7.2-17。

表 7.2-17　列举接插器连接端子

连接端子	针脚	条件	正常值 /Ω
19pin-10 ～ 9	励磁 +、励磁 -	OFF 挡	16.9 ～ 20.7
19pin-9 ～ 10	励磁 -、励磁 +	OFF 挡	16.9 ～ 20.7
19pin-4 ～ 5	正弦 +、正弦 -	OFF 挡	52.9 ～ 64.7
19pin-5 ～ 4	正弦 -、正弦 +	OFF 挡	52.9 ～ 64.7
19pin-7 ～ 6	余弦 +、余弦 -	OFF 挡	50.2 ～ 61.3

❶ 退电至 OFF 挡，检查低压接插件是否有松动，如果没松动，则拔掉接

插件。

❷ 测量线束端 19pin-4 和 19pin-5（正弦）电阻是否为 52.9 ～ 64.7Ω；测量 19pin-7 和 19pin-6（余弦）电阻是否为 50.2～61.3Ω；测量 19pin-10 和 19pin-9（励磁）电阻是否为 16.9 ～ 20.7Ω，如果正常，则更换 BSG 电机控制器。

❸ 如果从线束端测量旋变阻值不正常，则从电机端测量 19pin-4 和 19pin-5（正弦）电阻是否为 52.9 ～ 64.7Ω；测量 19pin-7 和 19pin-6（余弦）电阻是否为 50.2 ～ 61.3Ω；测量 19pin-10 和 19pin-9（励磁）电阻是否为 16.9 ～ 20.7Ω，如果正常，则更换线束，如果不正常，则更换 BSG 电机。

（4）故障排除

更换 BSG 电机控制器，故障排除。

案例 2：

（1）故障信息

某 2017 年款比亚迪 E5 纯电动汽车，仪表板"OK"指示灯不亮，报警显示"请检查动力系统"，且动力系统故障灯点亮。

（2）故障诊断

❶ 使用故障诊断仪，执行故障诊断。在驱动电机控制单元（VTOG）中，显示故障码 P1B0100，内容为旋变故障。

❷ 故障码不能彻底清除，初步考虑是与旋变传感器相关的故障。

小贴士

　　该车旋变传感器安装在驱动电机内部，其输出的电压会跟随转子角度的变化而改变，主要用来监测电机转子的位置。车辆在行驶过程中，VTOG 需要对驱动电机的工作状态进行实时监测，从而实现精确控制。旋变传感器可将电机的转速及位置信号转变成电压信号发送给 VTOG，进行电机控制。车辆启动时，VTOG 也需要检测到来自旋变的信号，才能顺利完成自检，进入准备起步状态，即"OK"灯亮起。

❸ 考虑 VTOG 与旋变之间的线路故障或旋变传感器本身故障，进行检测。旋变传感器电路见图 7.2-7。

a. 断开高压维修开关和蓄电池负极；检查 VTOG 和旋变接插器，无异常。

b. 断开 VTOG 接插器 B28A，将万用表调至电阻挡，测量线束侧 59 与 60 端子之间的电阻为 7.2Ω，无异常。

c. 检测线束端 61 与 62 端子之间的电阻为 13.3Ω，无异常。

d. 检测线束端 63 与 64 端子之间的电阻为∞，有异常。这时，可判断线路存在故障。

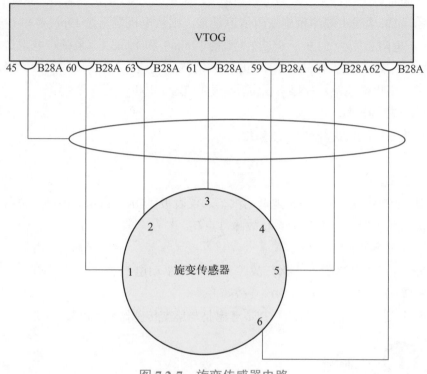

图 7.2-7　旋变传感器电路

（3）故障确定和排除

❶ 故障确定：因为上述检测线束端 63 与 64 端子有异常，可确定该线路有断路故障。需要一一测量捋顺。

VTOG 的 63 号端子与旋变的 2 号端子、旋变的 2 号端子与 5 号端子，或者 VTOG 的 64 号端子与旋变的 5 号端子之间可能存在断路。依次测量，发现 VTOG 的 63 号端子与旋变 2 号端子之间的电阻值为∞，这时，故障点确定。

❷ 故障排除：更换 VTOG 的 63 号端子与旋变 2 号端子之间的线束，再次执行车辆诊断及试车，故障彻底排除。

7.2.4.2　绝缘电阻异常

（1）故障信息

2020 年款某奔驰 EQC350 纯电动汽车。车辆蓄电池灯报警，车辆无法启动，通过救援车将其拉进厂进行维修。

（2）故障诊断

启动车辆无果，仪表出现红色蓄电池故障报警和不允许拖车提示。

❶ 使用故障诊断仪执行故障检测，结果 N82/3（蓄电池控制模块）、N83/11（交流充电机）和 N115/6（直流充电控制单元）3 个控制单元存在"车载高压系统绝缘故障"。

❷ 检查方向应该从绝缘故障码入手，读取高压系统的绝缘电阻实际值，当前绝缘电阻值为 56kΩ，异常。

❸ 执行绝缘故障部件的定位检测，检测到功率电子装置（驱动电机后）N129/1、N129/2（驱动电机前）、F34/6（高压保险盒）及 N115/6 的绝缘电阻，均不正常。

（3）故障确定和排除

❶ 故障确定：进一步确认故障高压部件的绝缘电阻，逐个脱开相关高压插头测量绝缘阻值，发现 N129/2 的 HV+ 端和 HV- 端对地电阻分别为 0.03MΩ 和 0.04MΩ，其标准为 ∞，测量值显然为异常。可判断即 N129/2 有故障。

❷ 故障排除：更换前功率电子控制单元，这款功率电子控制单元与前电机集成在一起的，故更换总成，故障排除。

7.2.4.3　温度故障

案例 1：

（1）故障信息

某比亚迪 E5 电动汽车，在行驶中出现动力减弱、加速无力。

（2）故障思路

❶ 动力电池故障。

❷ 电控电机故障。

❸ 冷却散热不良故障。

❹ 相关线路故障。

（3）故障诊断

❶ 使用故障诊断仪执行检测，显示故障码为：P1BB300，即前驱动电机控制器 IGBT 一般过温告警。

❷ 连接故障诊断仪，路试车辆，观察驱动电机控制器数据流，发现电机控制器温度上升到 80℃ 比通常正常车辆要快得多，但电机温度才 45℃。

❸ 初步可判断，电机控制器散热不良或者冷却液循环异常。

（4）故障确定和排除

❶故障确定：检查电动水泵，发现其没有工作。检测电动水泵接插件供电电压，为0，这肯定是不对的。根据这种异常情况，进一步检查了线束，发现电动水泵负极线断开（图7.2-8），可确定线束故障导致温度过高。

❷故障排除：重新规范连接好线束，试车，故障排除。

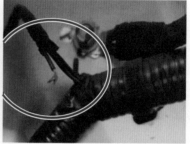

图 7.2-8　故障电路

案例2：

（1）故障信息

某比亚迪全新一代宋 DM 电动汽车，车辆无法使用 EV 模式，如图7.2-9 所示，仪表显示"EV 功能受限"故障。

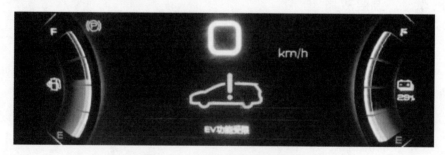

图 7.2-9　EV 功能受限报警

（2）故障思路

❶动力电池故障。

❷电控电机故障。

❸冷却散热不良故障。

❹相关线路等故障。

（3）故障诊断

❶启动车辆后，仪表报警"EV 功能受限"故障，无法切换至 EV 模式，且

电子风扇高速运转。

❷ 使用诊断仪执行故障诊断，故障显示："前驱动电机过温告警故障"。

❸ 查看数据流（表 7.2-18），发现 IPM 散热器温度为 36℃，电机温度为 155℃，温度差异过大，考虑驱动电机冷却系统故障。

表 7.2-18　数据流

数据流	当前	范围	单位
IPM 散热器温度	36	-40 ～ 160	℃
电机温度	155	-40 ～ 160	℃

❹ 检查冷却系统，发现电子风扇、电子水泵、冷却管路等未见异常。

❺ 根据数据流温度异常的情况，考虑到电机温度可能存在误报。这时，断开电机温度传感器接插件后，数据流中电机温度变为 -42℃，这样就说明线路正常。

（4）故障确定与排除

❶ 实际检测的电机温度传感器电阻仅为 1.035kΩ（图 7.2-10），为异常。

❷ 这样可确定为温度传感器故障。该车的温度传感器在驱动电机内部，需要更换变速器分总成来彻底解决故障，更换后故障排除。

图 7.2-10　检测电阻

参考文献

[1] 常凌燕.新能源与智能汽车技术丛书：新能源汽车动力电池管理技术 [M].北京：化学工业出版社.2023.

[2] 曹晶.新能源汽车整车故障诊断教程 [M].北京：化学工业出版社.2023.

[3] 周晓飞.图解新能源汽车 原理·构造·诊断·维修 [M].北京：化学工业出版社.2023.

配套视频目录（扫码观看）

序号	配套视频名称	正文二维码位置
1	动力电池	13
2	维修开关	23
3	电池管理系统控制单元拆解	29
4	电池管理系统控制器	33
5	动力电池水冷	39
6	驱动电机类型	49
7	驱动电机结构	51
8	电机控制器	74
9	旋变信号	75
10	纯电动汽车核心	90
11	车载充电机	91
12	电动汽车安全操作	93
13	电动汽车电源	112
14	高压漏电检测	158
15	高压互锁	166